JN007613

英語発音の指導

基礎知識からわかりやすい指導法・使いやすい矯正方法まで

有本　純
河内山 真理
佐伯 林規江
中西 のりこ
山本 誠子

SANSHUSHA

CDと同内容の音声をダウンロードできます。
音声ダウンロードについては、三修社ホームページをご参照ください。

https://www.sanshusha.co.jp/audiobook/

「audiobook.jp」への会員登録（無料）が必要です。
登録後、シリアルコードの入力欄に「05952」の数字を入力してください。

まえがき

これまでに、ありそうでなかったのが本書です。発音指導という用語が本のタイトルについていても、英語音声学の専門的な説明しか書かれておらず、内容を理解するのが難しくて、教室では使えないという声を、現場の先生から聞いてきました。また、発音教本などでは、独特の記号が用いられるので、やはり実際に説明を聞かなければ発音できないといった問題もあるようです。さらに、教員免許取得の際に英語音声学を学んでいないので、生徒に発音をどう指導すればよいのかわからない、自信をもって発音を指導できないとおっしゃる先生方にもたくさん出会ってきました。

文法指導が苦手という中学・高校の英語の先生は少ないのに、発音指導は敬遠される方が多いのはなぜでしょうか。コミュニケーション能力を養成することが学習指導要領で求められているにもかかわらず、教室では新出単語と意味理解を確認する音読程度しか、生徒は発音する機会がありません。発音にはほとんど注意を払わずに、様々なアクティビティが行われています。また、小学校の英語活動は音声中心ですが、先生方は自分の発音に自信が持てず、もっぱらALTとCDのモデル音声に頼りがちになる傾向があります。教科として扱う場合には、先生方には発音がかなりの負担にもなります。児童にモデルを示すことが日本人教員にとって大切なことなのですが、様々な問題が原因で解決できていません。

このような背景から、具体的な発音指導の方法を知りたいという多くの声を反映し、実現したのがこの発音指導書です。外国語教育メディア学会関西支部にある「英語発音教育研究部会」のメンバーを中心に組織して研究成果を精査し、小中高だけでなく、大学での実践も通して改訂をくり返し、ようやく教室で誰もが使える指導法として、本書をまとめることができました。英語音声学の知識が十分でなくても理解できるように、解説や指導法の説明では工夫をしています。本書を活用して、先生方が自信をもって発音指導に取り組んでいただけることを、筆者らは期待しています。

純粋に英語音声学を研究しておられる方から見ると、少し異なる編集方針であることがおわかりいただけるはずですが、本書は学問的にあるいは理論的に正しくても、実際の指導では不要であるか複雑になると判断した項目については、わかりやすさを重視した説明を採用しました。

振り返ると、英語発音指導が日本の英語教育において必要であることを最初に指摘した論文は1991年ですから、かなりの年数を経てしまいました。当初は一人で始めた研究ですが、これはグループで共同研究を行う必要があると2001年に研究会を立ち上げ、すばらしい仲間との出会いもあり、その間に科学研究費助成事業として日本学術振興会からのサポートを複数回受けながら、ようやくこのような形にまとめることができました。

最後に、三修社の三井るり子さんには、原稿段階から様々な助言を何度も戴きました。この場を借りてお礼申し上げます。

有本　純（執筆者代表）

目次

第5章　母音の指導　59

第6章　子音の指導　79

巻末付録　113

COLUMN INDEX

本書の特徴

1. 対象

本書は、英語活動を実施している、もしくは教科担当を予定している小学校教員、中学校・高等学校の英語教員、および教職課程を履修する大学生、英語教育専攻の大学院生などを想定しています。特に、小学校の教員は、教員免許取得時に発音指導についてはほとんど学習していないことから、本書の必要性は高いと考えられます。また、中高の英語科教員の中には、英語音声学を履修せずに教員免許を取得した方もおられると想定しており、そのような方には学び直しの役割も果たしています。

2. 掲載方法

通読するよりも、必要な項目を探して読むというハンドブック的な利用法を想定して作成しました。また、関連項目間で移動できるよう、項目をクロス検索できる工夫をしています。文章だけではわかりにくい項目については、図やイラスト、音声を用いて指導法が理解できるよう工夫しています。さらに音声に関しては、モデル音声だけではなく、教室で遭遇すると考えられる音声を提示し、実際の矯正指導に役立てられるようにしています。発音指導をして全員がうまく発音できるようになればよいのですが、実際には様々な通じない発音に出会います。それを想定して、本書では問題のある発音も含めて提示することにしました。

他に、知っていると指導で役立つコラムを掲載しました。各ページで取り上げる英語の音声・発音について、様々な情報を掲載しています。

3. 本書で使用する発音記号

IPA（国際音標文字）には完全準拠せず、日本で出版されている多くの英語教科書および英和辞典の発音記号に近い表記を使用しています。以下に、その要点を示します。母音の詳細は、第5章末をお読みください。

1）鉤つき（hooked）schwa /ɚ/ は使用せず、/ər/ を用います。→ 5-3

2）弛緩母音には多くの英和辞典が採用している /i, u/ の代わりに、/ɪ, ʊ/ を用います。→ 5-1

3）前舌母音→ 5-1 /ɛ/ の代わりに /e/ を使用します。二重母音においても /e/ を使用します。

4）二重母音→ 5-4 でしか使用しない記号として、/aɪ/ における /a/、/oʊ/ における /o/ を用います。また、二重母音は研究者によって定義が異なりますが、本書では /eɪ, aɪ, ɔɪ, aʊ, oʊ, ɪər, eər, ʊər/ を二重母音と見なし、変化の方向として上向きと中向きに分類しています。

5）破擦音→ 6-3 として、/ts, dz/ を採用します。cats, cardsの語末を /t/+/s/, /d/+/z/ のように2つの音素と見なす考え方もありますが、実際の調音では /ts/, /dz/ となるので、本書ではこれらを破擦音として扱います。

6）本書では音素と言語音を区別せず、/ / を用いて発音を表示します。

7）強勢記号は、第1強勢を /´/ で、第2強勢を /`/ で母音の上に表記しています。ただし、一音節の語は省略しています。

8）イントネーション記号は、折れ線方式を基本としていますが、一部に本書独自の矢印を追加しています。

英和辞典には、小中学生向けの初級辞書と、中高生向けの学習辞典、大学生や一般向けの大辞典があり、各々の辞書で用いられている発音記号は、編集方針によって異なります。本書では、特定の辞書に準拠するのではなく、最大公約数的な発音の例を示しています。

4. 本書で紹介する練習用素材

4種類の中学校検定教科書で多く取り上げられている内容語→ p.30 を、練習用素材として掲載しました。さらに、教員用のClassroom Englishも含めています。できるだけ発音の地域差が少ない語を厳選し、基本的に米語発音を示しました。

語頭・語中・語末に該当の音がある語を可能な限り重複しないように抽出しました。

5. 本書の構成

第1章では、日本の教育現場での発音指導の現状を踏まえ、発音指導の問題点や指導法の必要性について述べます。詳しくは、巻末の参考文献をお読みください。

第2章では、日本語とは異なる英語のリズムや強勢を練習します。日英語の違いに注目し、練習のヒントを提示しています。

第3章では、話者の意図を伝える役割を担うイントネーション（文の抑揚）を扱います。第2章・第3章で取り上げるリズム・強勢・イントネーションはプロソディや韻律と呼ばれる要素で、超分節音素（suprasegmentals）とも呼ばれます。従来の授業ではあまり扱われてこなかった分野ですが、コミュニケーションでは重要な働きがあります。

第4章では、英語特有の音声変化に焦点を当て、自然な発音を目指します。これは、発音だけでなく、リスニングの指導にたいへん役立ちます。

第5章・第6章では母音・子音の指導法を解説します。学習者にわかりやすい説明の仕方を提案しています。また、到達目標は英語のネイティブ並みの発音ではなく、コミュニケーションで問題なく通じる発音、いわゆる国際語としての英語発音です。

最後の第7章では、第2～6章で扱えなかった事項や矯正指導法に触れており、実際の授業で活用できる方法を解説しています。

これら以外に、音声を用いて理解度を高める工夫をしています。特に、標準的な音声だけでなく、教室で遭遇する可能性の高い「通じにくい発音」の例も含めている点が、従来の本とは異なる特色です。

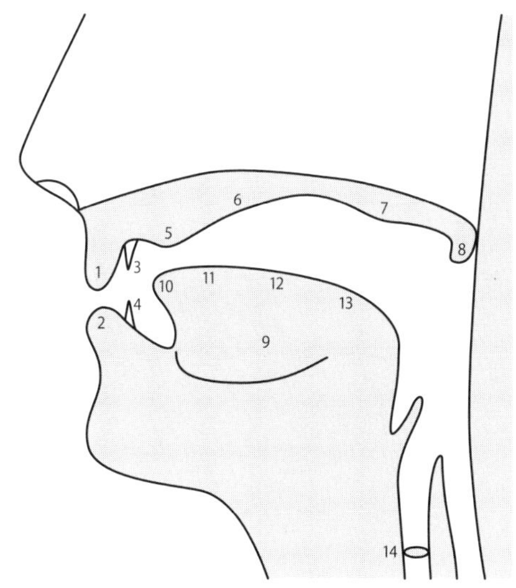

1 上唇（upper lip）
2 下唇（lower lip）
3 上歯（upper teeth）
4 下歯（lower teeth）
5 歯茎（しけい）（alveolar ridge）
6 硬口蓋（hard palate）
7 軟口蓋（soft palate）
8 口蓋垂（uvula）
9 舌（ぜつ）（tongue）
10 舌尖（tip of tongue）
11 前舌（front of tongue）
12 中舌（central of tongue）
13 後舌（back of tongue）
14 声門・声帯（glottis, vocal folds/cords）

母音とは

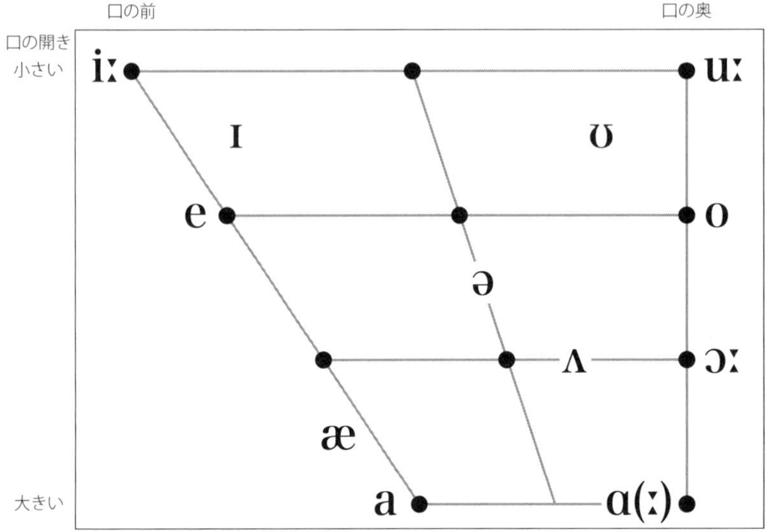

①母音は、日本語ではアイウエオの5つがあります。息が口の中の空間（口腔）のどこかで止められることなく発音される音ですが、主に口の開き方や舌の位置で音に違いがでます。

②上の図は母音四角形と呼ばれています。

③ちょうど頭を鼻先で左右に割った口腔の左断面図を用いて簡略化して示したものです。左側が前、右側が口の奥になります。

④口の開きが広いか、狭いか、舌の最高点の位置が相対的に高いか低いか、舌の最高点が前か奥かを表します。

舌の最高点が前の方になる母音を前舌母音→ 5-1 、中央になるものを中舌母音→ 5-3 、後ろの方になるものを後舌母音→ 5-2 と呼びます。

子音とは

子音は、息が発声器官のどこかで妨げられたり、息の通り道が狭められたりして出る音です。子音の種類を、どこで妨げられるか(調音点)を横軸に、どんな風に妨げられるか(調音法)を縦軸に表したものが子音表です。たとえば、息を唇でいったん止めてから破裂させる場合、/p, b/ を両唇破裂音と呼びます。調音法では、どこかを閉鎖して息の流れをいったん止め、開放したときに出す音を**閉鎖音・破裂音**→6-1、どこかを狭めて息が通り抜けるときの摩擦で出る音を**摩擦音**→6-2 と呼びます。閉鎖音と摩擦音を組み合わせて出る音が**破擦音**→6-3、息が鼻から抜けて出る音が**鼻音**→6-4、息を止めたり摩擦を起こすほどではなく舌の側面から息が抜けて出る音が**側音**→6-5 と呼ばれます。母音に近いのですが、音が短くすぐ次の音に移ってしまうものを**接近音**→6-6 と呼びます。以下に、本書で扱う子音を一覧表にしました。

英語の子音分類表

	両唇	唇歯	歯	歯茎	硬口蓋歯茎	硬口蓋	軟口蓋	声門
破裂音	p b			t d			k g	
摩擦音		f v	θ ð	s z	ʃ ʒ			h
破擦音				ts dz	tʃ dʒ			
鼻 音	m			n			ŋ	
側 音				l				
接近音	w				r	j		

表では、上部の列(横方向)が調音位置、左の列(縦方向)が調音法を示しており、その交差する所にある音が、英語で使用する子音です。1つの枠に2つの記号がある場合は、左が無声音、右が有声音です。→6-1

第 1 章　発音指導の問題点

1 発音指導の現状

文法指導に熱心な英語教員あるいは得意だという英語教員は多数いますが、発音指導ではなぜか腰が引けている教員が多数派なのはなぜでしょうか。かつての文法訳読式授業では、発音は軽視されてきました。現在も、入試では発音が知識として問われても、実技として問われることはほとんどありません。近年、学習指導要領ではコミュニケーション重視の英語教育にシフトしてきましたが、発音指導に関してはその裏付けとして必要であるにもかかわらず、十分に実施できているとは言い難いのが現状です。

英語教員に対するアンケート調査（河内山他 2013）においても、発音指導に自信がある教員は少数派で、ほとんどの教員は何らかの課題を抱えています。私たちは、その原因がどこにあるのかを解明しようと試みてきました。

図1は、英語発音指導の悪循環を示したもので、どこから出発しても堂々巡りをしています。

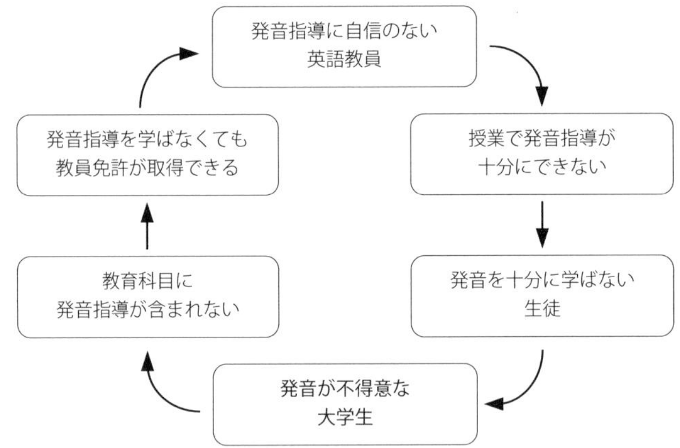

図1 英語発音指導の悪循環（河内山他 2013）

すなわち、教職課程において発音指導が扱われないか、学習しなくても英語科教員免許を取得できるという現状があります。詳しいデータは次節で紹介しますが、免許取得に必要な単位と科目内容は、教職課程を設置する各大学に委ねられていることから、あまりにも自由度が高すぎて、発音に対する軽視は顕著に見られます。

もう1つは、そのような現職教員に対する研修機会が、極端に少ないということが原因として考えられます。この悪循環を断ち切るためには、これに特化したプログラムが必要になります。つまり、教職課程での発音指導プログラムと現職研修用の発音指導プログラムです。

2　発音指導力の3要素

英語の発音指導を教室で実施しようとする際に、必要となる3つの要素を考えてみましょう。それらは、①音声に関する知識獲得、②発音能力養成、③発音指導法の習得です。①の知識では、日英語の音声に関する知識や相違点を理解していること、②の能力では、指導者自身が学習者に対して自信をもってモデルを示せることができる発音能力を獲得すること、③の指導法では、学習者にわかりやすく調音を説明でき、問題のある発音を矯正するための指導・助言ができることを指します。これらを総合して、我々研究グループでは「英語発音指導力」と呼ぶことにします。

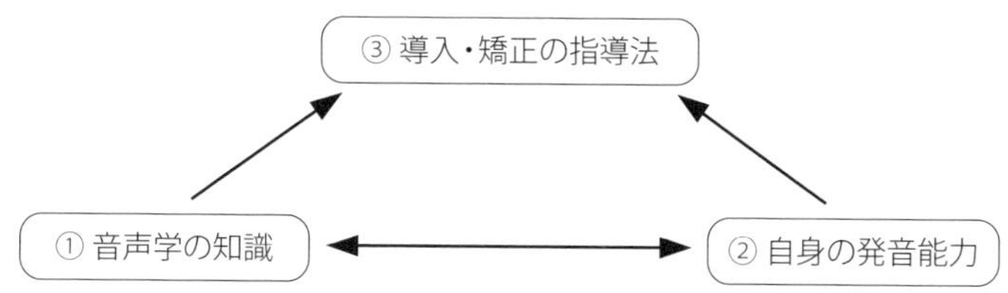

図2 英語発音指導力（河内山他 2013）

全国の大学にある英語教職課程（239学部：必修科目1,084科目）の必修科目シラバスを調査し、以下の結果が判明しました。学部単位の中で「3要素すべてなし」を除いた残りが、科目単位の割合です。**図2**で示した3つの要素を1つも学ばなくても、教員免許が取得できる大学が40%もあり、逆に3要素すべてを学ぶという理想的なカリキュラムをもつ大学は4%に留まっています。一方、英語音声学を必修としている多くの大学では、3要素の内の①知識と②発音能力を学べば、③の指導はできるという想定をしていると考えられます。現実には、指導法を身につけていなければ、教室での指導は困難になります。

上記の結果から、この分野をまったく学習しなくても、英語の教員免許は取得可能であり、発音指導が十分にできない英語教員が多数存在する実態が推測できます。

学部単位（239学部）		科目単位（1,084科目）	
3要素すべてなし	40.2%	3要素すべてなし	75.%
1要素のみ	23.7%	1要素のみ	16.%
いずれか2要素	32.0%	いずれか2要素	8.3%
3要素すべてあり	4.1%	3要素すべてあり	0.2%

表1 3要素に関するシラバス調査（河内山他 2013）

英語の発音指導をする際に、教員に求められる資質は以下の4つが考えられます。

1）英語と日本語の音声について正しい知識をもち、共通点・相違点を理解している

2）調音法について、学習者にわかりやすく説明できる

3）CD等を用いずに、発音のモデルを教員自身が提示できる

4）仮に、学習者が問題のある発音をした場合、適切に判断し、矯正のための指導・助言ができる

1)の日英語の音声に関する知識ですが、例えば日本語の「ん」という音は、英語の子音に対応していることがわかっていれば、「ほんとう」では /**n**/、「かんぱい」では /**m**/、「えんがわ」では /**ŋ**/ のように音声環境に応じて、英語の鼻音→**6-4** を説明するのに役立ちます。詳しくは101ページを参照してください。

2)のわかりやすい説明では、英語音声学で用いられる専門用語（例えば、軟口蓋→p.11 や破擦音→**6-3** など）を用いても、児童・生徒には難しすぎて理解できません。彼らが理解出来るように、できるだけ日常的なことばで教える必要があります。本書では、この手法の開発結果をまとめています。

3)では、教員がモデルを提示することの重要性を述べています。CDでは口の様子が見えません。ALTに依頼してもかまいませんが、日本人教員がモデルを聞かせる方が、児童・生徒に対して与える意義が大きいと考えられます。

4)で初めて「指導」ということばが出現します。どのように修正すれば良いのかは、教員が発音を聞いて判断し、助言を与えて修正できるよう導くことが重要な役割になります。

さらに、4)を細分化すると、発音の矯正指導は以下のようになります。

4-1）学習者の発音を聴いて、問題点に気づくことができる（＝気づき）

4-2）その問題発音を真似て、学習者に客観的に聞かせることができる（＝再生）

4-3）平易な説明で、矯正のための指導・助言ができる（＝指導）

金槌のスイミングコーチやピアノが弾けない音楽教員に教わりたくないのと同様に、発音指導ができない英語教員は現実的ではないと言えますし、学習者からの信頼も得ることはできません。

3　教職課程の不備

例えば、教職課程で英語音声学を受講すると、上記の①音声学の知識と②履修者自身の発音能力を中心に学習しますが、③の学習者に対する指導までには及びません。各大学の教職課程に対する考え方にもよりますが、「発音に関する知識と能力があれば、指導はできる」という姿勢が伺えます。また、英語科教育法の授業では、扱う分野が多岐に渡るために、発音指導については30回中1回の配当が限度で、指導という技術的な側面にまでは踏み込めていません。

このように、教職課程で発音指導に必要な3つの要素を十分習わずに、英語教員として教壇に立っているケースが多いことから、結果として、発音指導に自信がない、あるいは指導法を知らない中学・高校の英語教員が多数いると考えられます。さらに、小学校での英語活動に携わる教員は、このような指導は受けておらず、研修に頼るしかありません。2017年（平成29）に改定された学習指導要領では、小学校で英語が科目として実施されますので、なおさらのこと、教員に発音指導力が求められます。

4　現職研修の不足

教員免許更新講習として、このテーマを取り上げている講座は極めて少ないようです。2015年度の調査では、関西地域で発音に関する項目を含んだ講座は5講座しかありませんでした。また、学会主催のワークショップとしても、めったに取り上げられることはありません。学校単位や教育委員会主催などの研修会でも、このテーマはほとんど扱われていません。

結果として、小中高の教員が発音の指導法を修得する機会は極めて少ないので、教室での発音指導は十分に実施できていないのが現状です。結局、発音指導に関しては、教員の自己学習に大きく依存しており、教職課程と合わせて、最初に述べた「悪循環」をくり返しています。

5　発音教本の問題

英語音声学の専門書では、「軟口蓋→p.11、歯茎→p.11、破擦音→6-3、中舌→5-3」など、難しい専門用語が用いられており、そのまま教室で生徒に指導するには適していません。教員が英語の音声に関して学ぶためには適していても、実際の指導面では応用できません。また、英語音声学を学んだことのない人にとっては、内容を理解するのが困難で、自己学習にも適していません。

一方、様々な「発音教本」では、音声学的に不正確な記述があったり、指導法には言及していなかったり、英語圏での滞在経験を基にしたカタカナ使用や英語音声学から見ると誤った調音法やカジュアルな英語の調音法、一般の読者には理解し難いような著者独自の記号を用いての説明など、多くの課題があります。例えば、waterは「ワラ」と発音すれば通じる、/**f**, **v**/ は上の歯で下唇を噛む、/**æ**/ はエとアの中間の音を出す、「アーとア～」や「l, rをかな書きとカナ書きする（ら、ラ）」の区別などです。

さらに、英語教育関係の書籍に於いても、「発音指導法」というタイトルがついているにもかかわらず、具体的な指導法に言及していないものが多数見受けられました。

このような経緯から、本書を企画し出版する使命感を共有した仲間が、共同研究を通して一定の成果を挙げ、執筆しています。また、研修機会を増やすには、この研究グループが開発した研修プログラムを実施することで、自信をもって発音指導できる教員が増えることを、強く望んでいます。

6　新しい指導書の必要性

本研究グループでは、「国際化に対応した英語発音教育について」(有本 2004)、「日本人の英語発音の容認性：EILの観点による実証研究」(有本 2009) 等の論文執筆、研究発表、ワークショップ等を実施してきました。これらの研究は、国際語としての英語 (English as an International Language: EIL) という基盤に立っています。特に、この分野の原点とも言うべきJenkins (2000) を吟味し、Kachru (1992) 等も参照しながら、アメリカ英語・イギリス英語のような地域に偏する英語ではなく、国際語としての英語の発音で、日本人学習者が習得すべき基準は何かを探求し、その指導法を開発しようとする目的がありました。例えば、緊張母音と弛緩母音の対の /iː, ɪ/ →p.60 は、日本語話者が長短の区別に置き換えても、コミュニケーションでは支障ありません。あるいは、英語の /ʃ/ →p.92 を日本語の「シュ」の子音部分と置き換えても、コミュニケーションでは大きな問題になりません。すなわち、通じる範囲内において、日本人英語学習者の発音に日本語の影響が多少残っていても問題にはならないとする考え方を採用しており、これは世界的な動向とも一致する立場だといえるでしょう。

従来の日本の英語教育では英語のネイティブ・スピーカー並みの発音を指導することが念頭に置かれており、教員もそのような発音を目指してはいましたが、現実にそれを実現することは困難でした。そのため、発音指導は放置されるか、一部の熱心な教員がアメリカ英語の発音に固執し、非効率的な指導を行っていたかのいずれかでした。発音に自信がない日本人の英語学習者は、英語を話すことにおいても不得意であるという意識が強く、「英語は読めるが話せない」という英語学力観を一般的にもっています。特に、「中学・高校6年間も英語を勉強してきたにもかかわらず英語が話せない」という表現は、現状を端的に語っています。しかし、英語を話す (発音する) 訓練を、どの程度授業で実施してきたかを振り返ってみれば、「英語が話せない」現実は当然の結果と言えるでしょう。つまり、6年間スピーキングを学んできたのに話せないのではなく、スピーキング、あるいはその基礎としての発音学習をしていない結果だからです。

文部科学省が作成した近年の学習指導要領では、中学校・高等学校ともに英語について「コミュニケーション能力の育成」をキーワードとして示しており、日本における英語教育を大きく転換しようとしています。また、かつて提唱された「英語が使える日本人」の育成のための戦力構想 (文部科学省 2002) においても、英語のコミュニケーション能力を身につけることが必要であるとしていました。しかし、このような状況に、教育現場が敏感に対応しているとは言い難く、SELHiなどの積極的な取り組みがあった一方で、英語発音については、消極的な態度が多数派を占めています。その理由は、英語教員自身が発音指導を受けた経験が少ないか、自分の発音に自信がない、あるいは、受験勉強とは関係がないと考えているからという原因が考えられます。もしそうであれば、現状では好転する要素がありません。このような現状を打破するためにも、英語の発音教育を推進することは必要なことであるという共通認識をもちました。

本書の目的は、英語発音指導について新しい方法を提唱し、実際の教育の場で教員が活用できる手法を広めることです。従来の発音指導に関する研究および指導書では、英語の発音についての記述はなされていますが、導入期における具体的な指導法を扱った研究は多くありません。また、発音の問題点は個人によって異なるため、さまざまな問題に対処できる矯正法を検討していく必要があります。さらに、日本人の英語学習者を対象にして、何が原因で通じない発音となっているのかを実験を通して探り、矯正の手法を示すことも、本書が目指すところです。

一方、英語教育関係者の中には、英語の発音は英語のネイティブ・スピーカーと同じようにならねばならない、という頑なな態度が一部には依然として見られ、英語教育の問題となっています。そのような意識改革を成し遂げようとすることも、本書のねらいの１つです。近年、小学校における英語活動では、教員養成・現職の再教育などで様々な問題が生じています。特に英語の発音指導に関しては、早期の発音指導に対する保護者の期待が大きいのですが、小学校教員が英語発音で問題を抱えていたり、研修に適した指導書がないことから、本書が強く望まれており、同時に役立てられる可能性が高いと考えています。

本書は、英語および日本語音声学を基盤とし、英語教育学の立場から小学校や中学校の導入教育における発音指導から、高校・大学生や成人に対する矯正指導まで幅広い範囲を包み込んでいます。また、単に方法論を提示するだけでなく、実験によって日本人英語のもつ発音上の問題点を解明することで、本書をより実証性の高いものとすることを目指しました。これまでに、教室で使える発音指導法について書かれた文献は皆無に等しく、英語音声学の立場で書かれた物が出版されていたにすぎません。それだけでは、英語の発音指導が成立することにはならず、その意味で本書の波及効果は大きいといえます。

7 指導法の検証

1）単音の容認性

日本人英語学習者の英語発音を用いて、1）英語母語話者（NS: Native Speaker）、2）日本人英語学習者（JS: Japanese Speaker）、3）日本人以外の非英語母語話者（NNS: Non-Native Speaker）の3つのグループに対して聞き取り実験を実施しました。EILの考え方を取り入れた「単音レベル」での知覚実験の結論は、以下の通りです（山本他 2006）。

- /r, l/→p.105の区別は必要
  例 right, light ≠ ライト
- /θ, ð/→p.88は、サ行・ザ行音と混同しないように指導が必要
  例 three ≠ スリー　　they ≠ ゼイ
- /f, v/→p.86はフ・ブと混同しないように指導が必要
  例 five ≠ ファイブ
- 日本語のつまる音「っ」（促音）の混入を避ける
  例 cat ≠ キャット
- /s/ + /i/→p.91の組み合わせは、「シ」と混同しないように指導が必要
  例 city ≠ シティ
- 日本語の「ア」に収斂される母音 /æ, ɑ(ː), ʌ/→p.62, 66, 70の違いを認識させる
  例 cat ≠ cot ≠ cut

また、英語を用いてコミュニケーションをとる相手として英語母語話者だけを対象と考えるのではなく、非英語母語話者とのコミュニケーションをも意識した発音指導を行うことが上級学習者には必要です。特に、母音や子音（単音）を明確に区別することが、円滑なコミュニケーションにつながる重要な要素であるといえます。

検証をさらに進め、単音を用いて1）英語、2）中国語、3）韓国語、4）スペイン語の母語話者の反応に焦点をあて、日本人英語の容認性を考察しました（河内山他 2007）。ターゲットとなる母音および子音をコンピュータを用いて音響分析し、認識される程度を検討しました。ここで得た結論は、以下の通りです。

- 破裂音 /**p**/→p.80 は、日本語話者の場合、特に語頭の気息音（aspiration）が弱いと指摘されていますが、特に問題はありません。
- 摩擦音 /**v**/→p.86 は、相対的に摩擦が弱いため、有声であることを強調する必要があります。
- 摩擦音 /**θ**/→p.88 は、調音点と摩擦の持続が確保されれば、英語母語話者には認識されますが、非英語母語話者や日本人英語学習者の認識率が低くなります。特に、/**s**/ との区別が求められます。
- 摩擦音 /**ð**/→p.88 は、英語母語話者と日本人英語学習者には認識されますが、非英語母語話者の知覚は低く、摩擦が不十分であるために、/**d, z**/ などに取り違えられることが多くありました。
- 語頭の /**l**/→p.102 には、大きな問題は生じません。
- 語頭の /**r**/→p.104 は、唇の丸めが確保されていれば、認識され易くなります。一方、問題のある発音では、舌先が口蓋（上アゴ）に接触していることが判明しました。

2）イントネーションの容認性

日本人が話す英語のイントネーションが、どの程度認知されるかについて、2種類の実験を実施しました。

まず、英語母語話者による評価が ①高い項目、②低い項目、および③評価にバラツキが出た42項目について、必要であれば文脈情報を追加して、単音で用いたのと同じように3種類の実験協力者（NS, JS, NNS）を対象に5段階評価を依頼しました。各項目の評価結果を分析し、イントネーションパタンとの関係を議論した結果、よほど意識していないと、イントネーションの基本パタン→p.48 の実現は困難であることが判明しました（山本他 2007）。

次に、イントネーションの適切性に対する判断を求める聞き取り実験と、実験協力者の特性を調べるためのアンケート分析を実施しました。聞き取り実験ではイントネーションの変化開始部分あるいは終了部分を機械的に最大±60Hz 変化させた材料を用いました。また、JSとNNSを対象に実施したアンケートでは1）NSの英語に対する意識、2）日本語学習に対する意識、3）ミスに対する寛容度、4）英語力・学習歴に関するカテゴリを設定しました。

聞き取り実験では、母語よりも個人差による反応が大きく出ました。すなわち、JSとNNSの両者に有意差は見られませんでした。アンケートについては、因子分析を行った結果、4つの因子について考察しました。

第1因子：自分の学習言語（日本語）の発音に対するNNSの意識の高さ
第2因子：母語の影響を受けた英語発音への寛容度
第3因子：英語発話に対する意識・関心の低さ
第4因子：自分の英語発話に対するあきらめ

非英語母語話者は、英語のイントネーションに対する意識が低く、その解釈にもあまり注意を払っていない傾向があることが明らかとなりました。対照的に、英語の母語話者は細かなイントネーションの違いに注意を払うことがわかりました。非英語母語話者への指導では、基本的なイントネーションを確実に実現できる指導が求められていると言えるでしょう。

以上の結果をまとめると、Jenkins（2000）で述べているように、非英語母語話者とのコミュニケーションにおいては、母音や子音を明確に区別する発音が求められています。逆に、英語母語話者とのコミュニケーションでは、イントネーションに注意を払う必要があるということになります。

3）指導法の検証

中学・高等学校の教員および英語教育学専攻の大学院生と教職課程を履修している大学生を対象としてアンケートを実施し、本書で開発した指導法が実際に有効であるかどうかを検証しました。さらに、発音指導に関するワークショップ等を実施し、実際にどの程度教室での指導に対応できるかについても検証しています。

大部分の項目では、本書により開発した指導法が高く評価されており、実際の指導に使えることが判明しました。しかし、回答者の英語音声学に関する知識の不足から、指導における説明について、理解できないものがあることもわかり、教員養成課程において、英語音声学を必ずしも学んでいない教員・学生がいることに、発音指導が抱える問題も見えてきました。そこで、本書で開発した指導における説明では、例えば母音の場合、細かな専門的説明よりも一定のイメージを与えるという方針で説明文を作成しましたが、そのイメージに個人差が生じるという問題点がみつかり、これを改訂しています。

英語音声学を学んだ方への解説

本書は、英語音声学を学んでいなくても理解できるよう、できるだけ平易な表現を用い、英語音声学本来の考え方や表記とは一部異なる方針で書かれています。そのために、誤解・誤読の可能性がありますので、ここで説明しておきます。

アメリカ英語の二重母音の第2要素に含まれるhoocked schwaと呼ばれる /ɚ/ は扱っていません。その理由は、日本語母語話者にとっては、rの音色を含めて発音練習することがEILの観点からは重要ではないと判断したからです。

また、破擦音に /**ts, dz**/ を含めた理由は、音韻論的には /**t+s**/, /**d+z**/ であることから、二音素の連続と解釈されますが、実際の調音では /**ts, dz**/ という破擦音になっているからです。したがって、音声学的には破擦音として扱うことが妥当だと考えました（例えば、cats や cards など）。

イントネーション表記にも多数の種類がありますが、折れ線は誤解を生みやすく、矢印は便利ですが全体像が把握できない、オタマジャクシはイギリス系の表記ですが、記述スペースを取るという欠点があります。詳細は、本書47ページをお読みください。また、この議論については有本（2017）をご参照ください。

COLUMN **音声学と音韻論**

音声学では、実際に発せられた音を細かく区別します。例えば、無声の破裂音 /**p**/ は語頭では気息化と呼ぶ強い破裂を生じます [$\mathbf{p^h}$]。語中の破裂音は普通の破裂になります [**p**]。語末の破裂音は極めて弱い破裂になるか、破裂しません [**p**˺]。一方、音韻論（phonology）で扱う音素（phoneme）は、これらの区別をせず、すべて同じ /**p**/ として扱います。その理由は、これらの音を入れ替えても、意味に違いを生じないからです。日本語のアを例に取ると、人によって口の開きや舌の位置は微妙に異なりますが、他の母音（例えばオやウ）と区別ができれば、この微妙な差は問題になりません。したがって、多少異なる発音をしても、日本語ではアと認識しています。

第2章　強勢・リズムの指導

2-1 語強勢

単語の特定の部分を他の部分よりも際立たせて発音するとき、そこに「語アクセント(word accent)」があると言います。際立たせ方は言語によって異なり、日本語は「高さアクセント(pitch accent)」言語、英語は「強勢アクセント(stress accent)」言語に分類されています。→ p.31 COLUMN

日本語は高さ(pitch)の変化という1つの要素で特定の部分の際立ちを示しますが、英語は長さ・高さ・大きさの3つの要素の複合体である強勢(stress)で特定の部分の際立ちを表現します。英語の「語の強勢アクセント」を、語強勢と短縮して呼びます。

英和辞典の発音記号を見ると、強勢の置かれる部分(具体的には母音)の上に、/ˊ/マークがつけられています。その母音を「長く・高く・大きく」発音し、他の部分よりも際立って聞こえるようにします。

強勢の記号は、強い順に第1強勢/ˊ/と第2強勢/ˋ/が主に使われます。

指導上の注意

1 語強勢がある母音の多くは、「長く・高く・大きく」を意識して発音しますが、それ以外の母音は「短く・低く・小さく」なります。その差が出るように意識させてください。例えば、日本語を学び始めの英語母語話者が「私(わたし)」を発音すると、「ゎたーし」のように聞こえるかもしれません。これは、英語の強勢アクセントの特徴が表れているのです。逆に考えると、差のつけ方がイメージしやすいでしょう。

2 語強勢のない部分の母音の多くは、弱く発音され曖昧母音(schwa)→ 4-3 になります。EILの観点→ p.43 COLUMN からは、正しく発音できていなくても通じることは多いのですが、学習者がイメージしている母音の音色とは異なりますので、リスニングでは曖昧母音を意識させることは必要です。

例 banana バナーナ /**bənǽnə**/

練習用素材

① 語強勢のある部分に注意しながら読んでみましょう。

1. banána　2. wóman　3. remémber
4. befóre　5. béautiful　6. introdúce

② 同じ単語で名詞と動詞の両方がある場合、名詞は前の母音に、動詞は後ろの母音に語強勢があることが多いです。名詞の場合と動詞の場合に分けて、語強勢の位置に注意しながら読んでみましょう。
（日本語のように、レコード　レコード のように高さだけで変化をつけないよう気をつけて発音しましょう。）

7. récord - recórd　8. présent - presént　9. íncrease - incréase
10. cóntest - contést　11. óbject - objéct　12. prótest - protést

例外として、commandやreportのように名詞も動詞も同じ語強勢の単語もあります。

③ 2語が結びついてひとつのまとまった意味をもつ複合名詞は、ふつう前の語に語強勢があります。形容詞＋名詞と比べて読んでみましょう。

13. bláckbòard（黒板）　14. blàck bóard（黒い板）
15. Whíte Hòuse（大統領官邸）　16. whìte hóuse（白い家）
17. gréenhòuse（温室）　18. grèen hóuse（緑の家）
19. dárk ròom（暗室）　20. dàrk róom（暗い部屋）
21. híghchàir（赤ちゃん用の椅子）　22. hìgh cháir（高い椅子）

23. báseball　24. clássròom　25. drúgstòre　26. nótebòok
27. pláygròund　28. hándbàg　29. séat bèlt　30. ármchàir

COLUMN **語強勢の移動**

強勢移動（stress shift）と呼ばれる現象では、辞書に示されている強勢の位置とは異なる位置に強勢を置きます。「英語では強い拍を連続させない」という原則があるからです。例えば、New YorkにCityをつけると、以下の通りに強勢が移動します。

Nèw Yórk → Néw Yòrk Cíty　fòurtéen → fóurtèen yéars
Jàpanése → Jápanèse gárden　àfternóon → áfternòon téa
òverséas → óversèas stúdent　Wòrld Cúp → Wórld Cùp téam

2-2 文強勢

単語の強勢→ 2-1 は辞書に記載されていますが、語が連なって文になった場合は、重要な意味をもつ語だけに強勢が置かれます。これを文強勢(sentence stress)と呼びます。

文強勢がある語は、原則として名詞、動詞、形容詞、副詞、疑問詞など重要な意味内容をもつ語(内容語:content words)です。それ以外の冠詞、前置詞、接続詞、代名詞、助動詞などの語は機能語(function words → p.55 COLUMN)と呼ばれ、特別な場合を除いて強勢はありません。

特別な場合というのは例えば、強調や対比などです。以下の例では下線の語に強勢が置かれます。

例 Are you listening? I am listening. (強調)私は聞いて**います**よ 03
This is my book, not yours. (対比)**あなたの**ではなく、**私の**
Yes, it is. / No, he can't. (文末のbe動詞、文末の助動詞)

指導上の注意

すべての語に強勢が置かれないよう、文強勢のある語に /'/ マークをつけて、文中の強勢の位置を意識させましょう。

1 一般的な注意

日本語には「強弱」という概念がなく、すべての音が強く発音されています。英語では強勢の置かれる母音を「長く・高く・大きく」発音するよう、指導しましょう。

2 問題点の解説、矯正法

個々の語の発音練習を独立した形で発音練習するだけでは、文になったときにうまく文強勢ができないことがあります。メトロノームを使ったり手を叩いたりして、一定のリズムを意識させ、拍に収まるように発音練習させてください。

練習用素材

強勢の位置に注意しながら読んでみましょう。

1. I'm a stúdent.
2. Will you sày it agáin?
3. I'll dò my bést.
4. Mày I àsk a quéstion?
5. Plèase be séated.
6. Can ànybody ànswer this quéstion?
7. Ràise your hánd.
8. I'm gòing to gìve you a hándòut.

強調 各疑問文と右の応答文の下線部が対応して強調されています。

9. **<u>Whó</u>** gàve Mèg the bóok? → **<u>Jím</u>** gàve it to her.
10. **<u>Whát</u>** did Jìm dò with the bóok? → He **<u>gáve</u>** it to her.
11. **<u>Whó</u>** did Jìm gìve the bóok to? → He gàve it to **<u>Még</u>**.
12. **<u>Whát</u>** did Jìm gìve to Még? → Jìm gàve the **<u>bóok</u>** to her.

対比 対比部分を目立たせるために、強勢の位置が通常とは異なる場合があります。

13. Are you háppy or únhàppy?

通常unhappyではhappyの部分に強勢が置かれます（unháppy）が、happyとunhappyを対比する場合、unに強勢を置いて区別します。

COLUMN アクセントとストレス

アクセントは、音の長短、高低、大小により、ある部分を目立たせることで、卓立（prominence）とも呼びます。日本語はピッチアクセント（高さ）であるのに対して、英語はストレスアクセント（長さ、高さ、大きさの複合体）です。日本語の標準アクセントでは、ハシは「箸」で高低、「橋」で低高のように高さで区別します。

ストレスには、語強勢→2-1と文強勢→2-2と呼ばれるものがあります。文では、重要な意味をもつ語だけに強勢を置きます。つまり、第1強勢のある母音を高いピッチで長く伸ばし、大きな声で発音します。そうすることにより、聞き手には強勢と聞こえます。たとえ短母音であっても、長めに伸ばして発音することが求められます。文の中では、原則として文末近くにある内容語に強勢が置かれます。

2-3 リズム

音節とは基本的に母音を中心とした音の組み合わせで、母音や子音のような単音より大きく、単語より小さい単位のことを指します。日本語は1つ1つの音節に同じ時間をかけて発音するので、音節拍リズム(syllable-timed rhythm)と呼ばれます。

一方、英語は強勢拍リズム(stress-timed rhythm)で、文に置かれた強勢の数がリズムの単位になります。したがって、音節の数が増えると、日本語ではそれだけ発話時間が長くなりますが、英語では日本語ほど長くなることはありません。

05

例 Do you like English? では、like と English に強勢が置かれるので、2拍で発音します。

Do you like English?
1 2

一方、日本語では、ドゥ・ユ・ラ・イ・ク・イ・ン・グ・リ・ッ・シュと、子音の後に必ず母音が付く(母音挿入)ので、たくさんの拍が必要になります。

指導上の注意

1 一般的な注意

強勢のある音節を中心にした区切りを発話単位として、発音する練習が必要です。そのためには、①強勢のある音節でリズムの「強拍」を作り、②それ以外の音節では弱形の発音を用いたり、連結→4-1 や脱落→4-2 などの音声変化を加えてリズムの「弱拍」を作ります。

2 問題点の解説、矯正法

リズムの練習は最後の仕上げに相当するので、まず英語の特徴である様々な音声変化の練習を行い、次に強勢のある語の発音(特に、母音部分に着目して)、さらに母音挿入のないように気をつけて発音練習をさせましょう。どの段階でつまずいているかを、指導者が把握して矯正します。

練習用素材

強勢の位置で拍を刻みながら読んでみましょう。

1. Òpen your téxtbook.
2. Are you stùdying hárd?
3. Hòw do you spéll it?
4. I àlways enjòy your jókes.
5. Whàt do you sèe in this pícture?
6. Ènglish is spòken in this cóuntry.

日英語のリズム

英語のリズムは、強勢から強勢までがほぼ一定の間隔で規則的にくり返されるもので、強勢拍リズムと呼ばれます。一方、日本語のリズムは、すべての音節がほぼ等しく発音され、音節拍リズムと呼ばれます。

例 I play the violin.

英語では、play と violin に強勢があるので、2拍で読みます。この2拍は同じ時間で読まれます。しかし、日本語的にこの文を読むと、音節の数だけ同じ時間をかけるので、11拍必要になります(ア・イ・プ・レ・イ・ザ・ヴァ・イ・オ・リ・ン)。

例 「私の名前はロバートです」では、すべての音節をほぼ同じ長さで発音するため、以下のように表示できます。

• • • •　• • • •　• • • • • •
わたしの　なまえは　ロバートです

一方、英語では強勢によってリズムを作るので、日本語を習い始めのアメリカ人がこの文を発話すると、以下のように3拍で発音するでしょう。

•　　　•　　　•
わたしの　なまえは　ロバートです

• 強勢のある音節

強勢とリズム(まとめ)

① 英語の強勢拍リズムの原則

英語の強勢拍リズム(stress-timed rhythm →p.32)では、強拍と弱拍が交互に出てきますが、強い拍(=強勢)をもつ語は「内容語(content words)→p.30」と呼ばれます。弱拍は「機能語(function words)→p.55」が受けもちます。

② 等時間隔性

英語のリズムには、等時間隔性(isochronism)という性質があります。ある区切りから次の区切りまでの間には、何語あってもほぼ同じ時間で発音するという意識です。次の3つの文でみてみましょう。1つめの文ではすべての語に強勢が置かれますから、3拍で読みます。次の文では語は増えていますが、弱拍なので、やはり3拍です。最後の文では、さらに語が増えますが、やはり3拍で読みます。

Récords	shów	prógress.
His récords	shów his	prógress.
His récords	will shów him his	prógress.

このとき、弱拍で読むためには、弱形の発音が必要になります。もし、これらの文を日本語のリズムで読むと、語が増えて拍数が増加し、それだけ読む時間が長くなってしまいます。厳密に言うと、英語ではまったく同じではないのですが、できるだけ等時間隔を意識して読むと、英語のリズムを作ることができます。

③ リズムの練習

リズムやイントネーションを練習する教材として、Caroline GrahamによるJazz Chants(OUP)のシリーズをお勧めします。大人向けから小学生用まで、Jazz Chants Old and New, Holiday Jazz Chants, Grammarchants, Jazz Chants for Childrenなど様々な種類があります。日常会話で用いるフレーズが含まれているので、練習を重ねると自然にことばが口をついて出てくるようになるという効果が期待できます。

Cáts éat méat.
The cáts éat méat.
The cáts will éat méat.
The cáts will éat the méat.
The cáts will have éaten the méat.

第3章　イントネーションの指導

3-1 下降調

イントネーションとは、文または発話全体に見られる声の高さ（ピッチ）のパタンのことです。音調や抑揚とも言われます。平叙文の文末では、下降調が用いられます。他に、Wh疑問文でも下降調が一般的ですが、低い上昇調も使えます（→p.37 COLUMN）。命令文で下降調を使うと、場面や対人関係、声の調子によっては、かなり強い印象を与え、否定の場合は禁止を示します。

指導上の注意

1 一般的な注意

日本語は高低差が小さいので、下降が中途半端になる可能性があり、十分低い声にまで下げるよう注意が必要です。下げきれない場合は、文が終わったことにならず、まだ続きがあると聞き手が感じてしまいます。

2 問題点の解説、矯正法

文での練習が困難な場合は、一語文で練習することを勧めます。短い音節の語であれば、高さの変化をつけることはそれ程難しいことではないからです。次に、中学1年生レベルの短い文で練習し、次第に長い文へ延長していきましょう。これは、他のイントネーションの練習にも適用できる方法です。

例 一語文での練習

Wel·come.　　Yes.　　09

文強勢→2-2を受ける語の母音部分が最も高くなります。文強勢を受ける語が1音節しかない時（上のYes.など）は、その母音部分で高さを変化させます。高さを十分に下降させるために、強勢のある母音 /**e**/ を長めに伸ばして練習します。

例 短い文での練習

Good morn·ing.　　Good af·ter·noon.

morningの後半部分 /**ɪŋ**/ は下降の連続線上にあり、引き続き下がります。

練習用素材

10

下降調のイントネーションに注意しながら読んでみましょう。

1. Ex・am・i・na・tion.
2. Be pa・tient!
3. Let's lis・ten to him.
4. It was beau・ti・ful.
5. Fine.
6. I like math.
7. She has a red pen.
8. What is your name?

＊ 前ページでも述べましたが、文強勢を受ける語が1音節の場合は、その母音部分で高さを変化させます（上記5～8）。例えば、8.のnameでは、/eɪ/ の部分を長めに発音しながらピッチを下降させます。

COLUMN Wh疑問文の低い上昇調

単語ごとに決められた高低のパタンは「（高低）アクセント」や「声調」（中国語など）と呼ばれ、イントネーションとは区別されます。イントネーションはその違いによって、話し手の意図を表したり（例　yes-no questionの場合の文末上昇）、感情を表したりすることができます（例　日本語の「へー」が称賛にも驚きにも無関心にもなります）。

What is your name?では、下降調が一般的なので、中学校ではそのように指導されています。しかし、場面によっては強く響くことがあります。一方、低い上昇を用いると、別のニュアンスが表現されます。

1）下降調の例：道路を挙動不審な人物が歩いているのを、警察官が呼び止め職務質問をする場合、「名前は！」と強く響きます。

2）低い上昇調の例：迷子の子どもに対して「名前は何て言うの？」と優しく問いかける場合に用います。もちろん、声の調子も優しくなります。他にも、場面によっては、相手に対する興味・関心の深さを示すこともあります。

3-2　上昇調

上昇調には2種類あります。高い上昇はYes/No疑問、付加疑問で相手の意見を問う場合、くり返し疑問、驚きなどで用いられ、低い上昇は文の途中、躊躇する、確信がない、言外に含みをもたせるなどの目的で用いられます。

指導上の注意

1　一般的な注意

同じ上昇でも、高い場合と低い場合の使い分けが必要です（→p.37 COLUMN）。

2　問題点の解説、矯正法

不自然な上昇にならないように注意しましょう。英語のイントネーションにおけるピッチ変化は、「滑らかに」そして徐々に変化するので、突然ピョコンと上昇することはありません。高さ変化に慣れない学習者の中には、折れ線による視覚的な誤解で、唐突に高さを変えて発音してしまう場合があるので、注意しましょう。

- 付加疑問（tag question）は、下降と上昇の2種類を用います。付加部分を下降させると確認、上昇させると疑問の意味になります。

例　You play soccer, don't you?　　Tom wasn't tall, was he?

You play soccer, don't you?　　Tom wasn't tall, was he?　　12

- 繰り返し疑問（echo question）とは、相手が言ったことが聞き取れなかったときなどに、疑問詞を使って聞き返す疑問文のことで、上昇を用います。

例　A: I went to the library.　　B: Where?

A: It cost four thousand yen.　B: How much?

練習用素材 

① 高い上昇のイントネーションに注意しながら読んでみましょう。

Yes/No疑問	Do you miss your friends? Did you sleep well last night?
付加疑問	You speak English, don't you? It isn't fine, is it?
くり返し疑問	You went to New York? You said it cost too much?
驚き	You are eighteen! You can't ride a bike! 「18歳なんですって」「自転車に乗れないなんて」

② 低い上昇のイントネーションに注意しながら読んでみましょう。

文中（コンマの前など）：上級編

Mary planted tulips in the garden.

躊躇	Can I ask you a question?
確信がない	A: I think he will come. B: I wonder.

言外に含みをもたせる

His speech was so interesting.

数を数えたり、列挙する場合のイントネーション 

One, two, three, four, five … ten. と数字を数えたり、列挙したりする場合は、列挙される数字や語を順に上昇調で次々と読み上げ、最後に下降するのが原則で、選択疑問の読み方と同じです。つまり、Do you go to school by bus, train or bicycle? では、bus, train は上昇調で発音し、最後の bicycle で下降します。

ただし、ボクシングのカウントは例外的に、One, two, three, four … ten. と、すべて下降調→ 3-1 で発音されます。

3-3 上昇＋下降調

主に選択疑問文（A or B）や、列挙（A, B, C, and / or D）などで用いられるイントネーションパタンです。選択疑問文ではAで上昇し、Bで下降します。列挙の場合は、上昇をくり返し、最後で下降します。

例 Would you like tea, or coffee? 15

選択疑問のパタンでは、尋ねられた人は、紅茶かコーヒーのいずれかしか選択肢はありません。

Would you like tea or coffee?

Yes/No疑問文で、「何か飲み物でも」と尋ねられているので、まずYes/Noで答え、さらに紅茶・コーヒー以外の飲み物を選ぶこともできます。

指導上の注意

1 一般的な注意

文の意味によって上昇＋下降とするか、上昇するかの違いがあります。どちらのイントネーションパタンを用いるかは、発話者の意図によって決まります。

2 問題点の解説、矯正法

文末の「？（疑問符）」を見て、文末を上昇させて発音してしまうことがあります。相手に選択を求めている場合には、最後の項目で下降するように注意させてください。

練習用素材

16

① 選択疑問文のイントネーションに注意しながら読んでみましょう。

A: Do you like cats or dogs? B: I like dogs better.

A: Who is taller, Tom or Harry? B: Tom is.

② Yes/No疑問文のイントネーションとの違いに注意しながら読んでみましょう。

A: Have you been to the United States or Australia? （選択）
B: I've been to Australia.

A: Have you been to the United States or Australia? （Yes/No）
B: No, I've never been abroad.

COLUMN **イントネーションの指導**

単純なピッチの上昇と下降だけでは、話者の心情を十分に表現することができません。ぜひ、一語文から練習を始めて、通常の文においても様々なイントネーションが使えるよう指導してください。

イントネーションの簡単な練習として、一語文を用いる方法があります。Yes.という例文でみてみましょう。

Yes.	下降調	「はい」という返事
Yes.	高い上昇調	疑問文「はい、と言ったのですか」
Yes.	低い上昇調	相づち
Yes.	下降＋低い上昇調	「さぁ、どうでしょうか」という疑いの気持ち
Yes.	上昇＋下降調	「正に、そうです」という強い断定

Yesの母音 /**e**/ を長めに伸ばして、ピッチを変えてみましょう。

3-4 下降＋上昇調

命令文で下降調になると強い命令になる場合もありますが、一度下降してから少し上げる（低い上昇調：low rising）を組み合わせると、依頼や励ましなど話者の感情を表現することができます。

例 Say it again.

again で下降：

「もう一回言ってみろ！」

Say it again.

Say で下降し、again で少し上昇：

「もう一回言ってごらん」

18

指導上の注意

1 一般的な注意

一文の前半と後半で高さが変化するので、ややゆっくりした速度で練習させ、次第にテンポを上げていくと対応できるようになります。

通常の疑問文で使用する高い上昇調と異なり、低い上昇調は、適切に音の高さを変えることが難しいので、十分な練習が必要です。

2 問題点の解説、矯正法

他のピッチ変化と同じく、母音部分で高さを変化させるので、母音をやや長めに発音することで、発音が容易になります。

練習用素材 

イントネーションのパタンに注意しながら読んでみましょう。

Pass me the salt.（依頼）

Try it again.（励まし）

国際英語の発音

母語としての英語（English as a Native Language: ENL）、第二言語としての英語（English as a Second language: ESL）、外国語としての英語（English as a Foreign Language: EFL）など、世界には様々な英語が存在します。最近では「国際語としての英語」（English as an International Language: EIL）という概念が認知されるようになってきました。つまり、上下関係ではなく、すべての英語は横並びであり、コミュニケーション手段として使用する英語には様々な種類があって、それらを認めようという態度です。日本語話者が話す英語は日本語の訛りが残るのは当然のことで、それは卑下するものではなく、むしろ通じる発音であれば多少のことは気にしなくてもよいという姿勢です。

3-5 その他の音調

1）**感嘆文**：高いピッチから急激に下降します。形容詞や副詞の強勢部分で急降下します。

2）**列挙**：いくつかの事項を挙げる場合、項目末ごとに上昇し、最後の項目で下降します（→ p.39 COLUMN）。

3）**呼び掛け**：呼び掛け語句は低い上昇（遠くの人の場合は下降調）を用います。

4）**会話の伝達部**：文頭・文中・文末に現れ、低い上昇または平板調を用います。ただし、say, hearのような伝達動詞には強勢を置きません。特に、文末の場合は、直前の変化を引き継いで下降します。

指導上の注意

1 一般的な注意

・**感嘆文**：高さを大きく変化させないと、強い感動が伝わりません。

・**呼び掛け・会話の伝達部**：上がりすぎないように注意しましょう。

2 問題点の解説、矯正法

・**感嘆文**：恥ずかしがらずに、大げさなくらい高さの急激な変化を心がけてください。日本人は特に感情表現を控えめにする傾向があるので、変化の幅が小さいと、皮肉で言っているという誤解を受けることもあります。

練習用素材 20

イントネーションのパタンに注意しながら読んでみましょう。

1） What a beautiful flower it is!

How wonderful!

Wow!

Ouch!

2） I need pencils, an eraser and some paper.

3） Mr. Jones, I'd like to talk to you.

And you, my friend, will have to work harder.

You mustn't keep them waiting, Tom.

4） Alex said calmly, "I don't believe it."

"I don't know," said Bill flatly.

COLUMN **イントネーション記号の説明（折れ線）**

本書では、折れ線を用いてイントネーションを表記しています。
ピッチの高さを低い方から高い方へ順に1 2 3 4と、模式的に四段階に区切ります。通常は1から3までの高さを使用します。2がその人の通常の声の高さ、より低い段階を1、より高い段階を3とし、感嘆文のように驚きや感動を表す場合にのみ4を使用します。
線の変化は、語や音節の切れ目の場合は垂直に上下し、単音節の語では母音部分で斜めの線を描きます。また、本書では、切れ目の細かな動きを加えるために、矢印を補助的に使用しています。

例 上記練習用素材 3）の通り

用語の解説

① プロソディ

音声学の用語にprosody（プロソディ）があります。これは、母音や子音といった個別音ではなく、強勢、リズム→ 2-3 、イントネーションなど語や文に重なって生じる要素のことです。例えば、He is hónest. という文では、honestに文強勢→ 2-2 を置き、弱・弱・強・弱というリズムを作り、イントネーションはhonestの語頭で上昇してから下降して、プロソディが付加されます。もし、Heに強勢を置いたら、通常は使わない特別な意味になり、他の誰でもない「彼は」と、強調することになります。また、イントネーションを「下降＋低い上昇」で読むと、彼は正直かどうか怪しくなってしまいます。このように、プロソディは個別音の発音以上に重要な役割を担っているのです。

② イントネーションの機能

イントネーション（音調）には様々な働きがありますが、これまでに説明した通り、文の文法形式を示します。話しことばでは、Yes/No疑問文で？の記号をつけることができないので、イントネーションは上昇調を用います。例えば、Do you understand Chineseを上昇調で言えば、Yes/No疑問文で「中国語がわかりますか」という意味になりますが、下降調を使うと「中国語がわかっていますね」という確認の意味に変わります。他にも、イントネーションには、話者の感情を表現する機能があり、これを間違えると誤解される危険性も出てきます。例えば、Try it again.「もう一度やってごらん」と励ます場合に、低い上昇調ではなく、下降調を使うと強い命令になってしまう場合があり、冷たい態度で突き放されたと相手は感じてしまいます。

③ ピッチ変化と日本語の方言

高さを変化させる練習では、その人が日本語のどの方言（アクセント）を話すかによって、困難を感じる場合があります。「無アクセント」と呼ばれる地域（東北から九州にかけて散在）では、ピッチの動きがほとんど平板になってしまい、英語のイントネーションを実現させるのが難しい、あるいは矯正するのが困難になる場合があります。

イントネーションの表記

イントネーションの表記には様々な種類があります。例えば、イギリス方式ではオタマジャクシを用いて、ピッチの高さを無限の段階で設定していますが、アメリカ方式では高さを模式的に4段階に設定してしまうので、自然で円滑な音調曲線は表現できません。

英語音声学を学んだ方は、現実と表記の違いについて理解していますが、一般の学習者は、折れ線を見るとギクシャクとした動きであるかのような印象を与えてしまい、誤解する可能性が予想されます。すなわち、斜線の場合は、少し滑らかな変化を感じることはできますが、直角に線が折れている場合、ピッチが突然上昇したり下降したりすると、勘違いをしてしまう恐れがあります。この点は、指導者がどのように扱うかで、学習者の理解に影響を及ぼします。

一方、イギリス方式のオタマジャクシ表記は、ピッチの動きを表現するのに理想的ですが、本書においても印刷の都合からこれを使用できないので、妥協案として折れ線方式を原則とし、矢印で補助的な動きを加える方式を採用しました。すなわち、低い上昇のようなピッチの動きは、通常の折れ線では水平で終わってしまい、正しく表現できないので、小野(1986)に見られるように、最後の母音部分で矢印を加えることにより、ピッチの重要な動きを表現することが可能になると判断しました。

〈オタマジャクシの例〉

〈折れ線の例〉

No.　He couldn't be seen.　He was running.

〈矢印の例〉

No.↘ He couldn't be seen.↘ He was running.↘

ピッチ変化を示す矢印は、語の直後に置かれています。

折れ線方式では、これまでに説明した音調の基本パタンは以下のようになります。

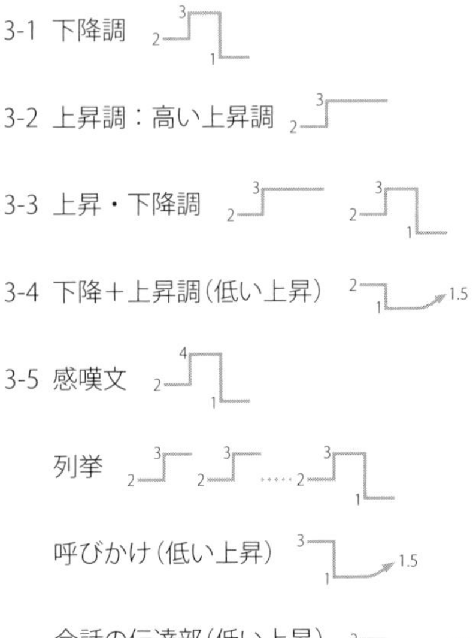

低い上昇は、1と2の間の高さへの変化で、模式的な数字では表現ができません。あえて言えば1.5になります。

第4章　音声変化の指導

4-1　連結

4-2　脱落

4-3　弱化

4-4　同化

4-1 連結

語末が子音で次の語頭が母音の場合、2つの語はつなげて1語のように発音されます。これを、連結（linking, またはliaison）と呼びます。

例 an apple /ənæpl/ 21

語末の /n/ と次の語頭の /æ/ がつながります。

連結のルール

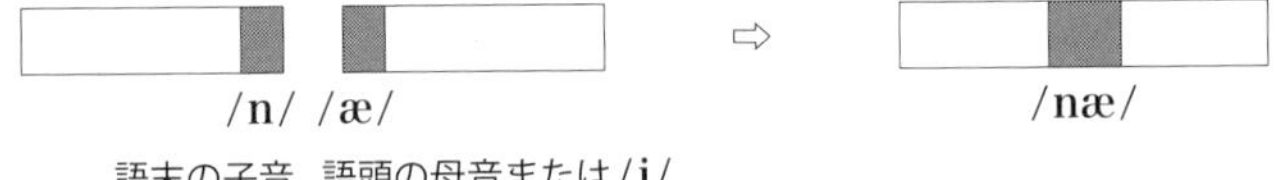

指導上の注意

1 一般的な注意

様々な子音＋母音の組み合わせで連結が起こります。頻度の高いのは、破裂音→6-1、摩擦音→6-2、鼻音→6-4 との連結です。他に、語末のrと次の語頭の母音がつながる「r連結」もあります。

例 far away /fɑːrəweɪ/

2 問題点の解説、矯正法

単語ごとに区切るのではなく、音の組み合わせで連結が生じるので、初級学習者には指導者が説明する必要があります。例えば、some of では、まずsome の /m/ とof の /ə/ がつながって /sʌ́məv/ と発音されることを認識させます。学習者の発音に注意して、連結を発音させます。学習者の発音を耳でチェックしてください。

連結したフレーズの音に慣れさせると、リスニングで役立ちます。

練習用素材

22

下線部が連結することに注意しながら読んでみましょう。

1. Còme on ín!
2. What does it mean?
3. Take out that textbook.
4. It's OK.
5. Fill in the blanks as I read.
6. Here it is.
7. Make a group of six.
8. Take it easy.
9. Work in pairs.
10. What about it?
11. Repeat after me.
12. What a great idea!
13. Give it a try.
14. Class is over.

COLUMN 連結に似た現象：/j/の場合

連結は、語末が子音で終わり、次の語頭が母音で始まる場合に、二語がつながって発音される現象を指していますが、語末も語頭も子音であっても、つながる場合があります。

in your bag

この例では、inとyourは分けて発音するのではなく、「ニュ」のように音がつながります。

If you ... では、/ɪ/ + /fjuː/ のようになり /ɪfjuː/ のように聞こえます。I'll drive you home. では、dry view /draɪ vjuː/ と同じように聞こえます。

他にも /j/ の前に /m/ や /p/ などの場合にも、連結現象が生じます。

come yet	some yachts	some young people
keep you	help yourself	stop your bicycle

4-2 脱落

2つの連続する音が、互いに同じか類似した子音の場合、前の子音は発音されません。これを脱落(elision)といいます。また、句末や文末の破裂音→6-1も発音されないか、極めて弱い破裂になります。

例 Good job. /gud dʒɑb/ → /gu-dʒɑb/ 24

Goodの語末/d/は発音しませんが、/d/のあった時間は残ります。

脱落のルール

指導上の注意

1 一般的な注意

前の子音が発音されなくても、すぐ次の音を発音する訳ではありません。「タメ」を作って、次の音をしっかり発音し、次の語とつなげてしまわないように注意しましょう。上の例のようにgoodの/d/は発音しませんが、/d/があった時間は残るので、/gudʒɑb/のように/gu(d)/と/dʒ/がつながることはありません。

2 問題点の解説、矯正法

単語の練習だけで英文を音読させると、脱落ができずに、すべての音を発音してしまう生徒がいます。単語練習の次に、脱落を含むフレーズの練習をさせてから、文全体を読んで脱落できているかどうかを確認してください。脱落できなくても、コミュニケーションにあまり支障はありませんが、リスニングに役立つので、練習させてください。

練習用素材

25

① 下線部が脱落することに注意しながら読んでみましょう。

1. Good-by, doctor.
2. Not too bad.
3. Stop talking, please.
4. Take one and pass them on.
5. Point to the correct picture.
6. I want someone to read this page.
7. Let's do it together.
8. Go back to your seat, please.
9. Stand back-to-back.
10. What do you think?

② 人称代名詞he, his, him, herなどが文中にあるとき、/**h**/ が脱落することがあります。その結果、前の子音と連結します。

11. Is he there?
12. What's in his bag?
13. Ask him a question.
14. I told her the story.

COLUMN 脱落の組み合わせ

子音の脱落では、最も多いのが①破裂音、次に②摩擦音、そして③鼻音です。また、④異なる子音の連続でも脱落することがあります。

① /**p**/ + /**p**/ stop playing　/**t**/ + /**t**/ get to　/**k**/ + /**k**/ take care
/**d**/ + /**d**/ good day　/**g**/ + /**g**/ big game　/**t**/ + /**d**/ next day
/**d**/ + /**t**/ good teacher　/**d**/ + /**b**/ good book

② /**ð**/ + /**ð**/ with that　/**s**/ + /**s**/ ice skate
/**s**/ + /**ʃ**/ this shirt　/**ʃ**/ + /**ʃ**/ fresh sheet

③ /**m**/ + /**m**/ some more　/**n**/ + /**n**/ ten notes

④ /**p**/ + /**k**/ pop concert　/**t**/ + /**m**/ don't mind　/**k**/ + /**ʃ**/ milk shake

4-3 弱化

強弱のリズム→ 2-3 を作る場合、強の部分は強勢のある母音→ 2-2 が、弱の部分は弱化した母音が担当します。特に機能語→ p.55 COLUMN は基本的に母音が弱化します。 母音が弱化すると同時に /h/ が脱落→ 4-2 することもあります。

例 26

語	強形の発音	弱形の発音	用例
and	/ænd/	/ənd, ən, n/	Tom and Jerry　salt and pepper
the	/ðiː/	/ðə, ðɪ/	the book　the apple
can	/kæn/	/kən, kn/	You can go.
him	/him/	/ɪm, əm/	She gave him a gift.
her	/hər/	/ər/	I told her the news.

指導上の注意

1 一般的な注意

句や文の練習をする際に、機能語は強形でなく、弱形で発音するように心がけてください。また、曖昧母音 (obscure vowel) と呼ばれる schwa /ə/ の発音は、一定ではありません。

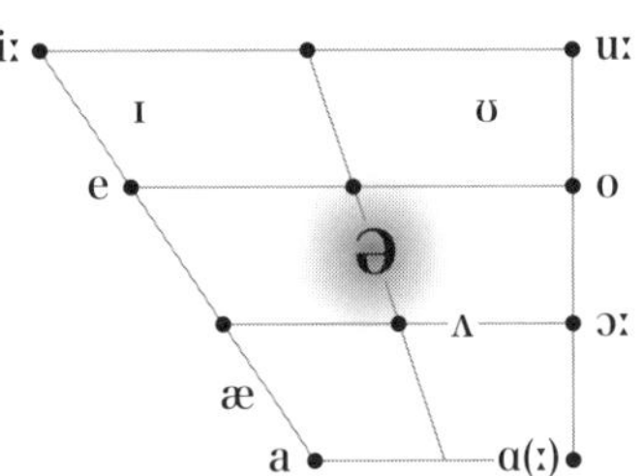

例 about　talent　family　today　album

下線部は、少しずつ違った音に聞こえるかもしれませんが、すべて曖昧母音です。schwa /ə/ は、図のように広い範囲に及んでいます。

2 問題点の解説、矯正法

曖昧に発音することが、日本語話者にとっては難しいのですが、口や舌の力を抜いてください。重要なことは「弱」の部分を作ることにあるので、明確に聞こえないようにすることです。

曖昧母音 (強勢のない母音) は短く、低く、弱く発音され (弱化)、/ə/ で表します。記号は1つですが様々な母音に聞こえます。

練習用素材 

① 綴り字の影響で明確な母音を発音する傾向がありますが、下線部の /ə/ に気をつけて発音します。

today　pocket　machine　medium　activity

② 弱化する母音に注意しながら発音しましょう。

/ə/ Could you show him that picture?　could you him that（hは脱落）

/ɪ/ He's been studying in his room.　been in his（hは脱落）

/ʊ/ Do you want to go to England?　do you to

COLUMN **機能語（function words）と弱形**

お手もちの英和辞書で、"and"の発音記号を調べてみてください。/《弱》**(ə)nd, (ə)n,** 《強》**ænd**/ のように、複数の発音記号が示されています。これは、"and"という接続詞の語頭の"a"の部分が通常とても弱く、弱形 /**ə**/ で発音されることを示しています。また、**(ə)** にカッコがついているのは、省略してもよい、ということを表しています。そして、最後に /《強》**ænd**/ と示されているのは、強形で発音する場合には語頭が /**æ**/ というはっきりとした音になる、という意味です。

アメリカの短編アニメ "Tom and Jerry"は、日本語では「トムとジェリー」と呼ばれますが、「と」の部分に力を入れて発音すると、お馴染みのキャラクターが登場する例のアニメではなくて「トムだけでなくジェリーも」という特別な意味になってしまいます。同様に、英語でも"and"に強勢を置いて /**ænd**/ と発音すると、やはり例のアニメのタイトルではなくなってしまいます。つまり、通常は弱形で発音される "and"のような機能語を強形で発音すると、何か別の特別なニュアンスが生まれるのです。

4-4 同化

前の語末が/s, z, t, d/で終わり、次の語頭が /j/ で始まる場合、この組み合わせは別の音に変化しやすくなり、これを同化（assimilation）と呼びます。例えば、英語では次のような組み合わせで同化が生じます（/s+j/=/ʃ/, /z+j/=/ʒ/, /t+j/=/ʧ/, /d+j/=/dʒ/）。

指導上の注意

1 一般的な注意

同化は必須の変化ではありません。特に、ゆっくりした発話の場合は、同化させると逆に不自然な発音になります。発話速度が速い場合は同化が生じやすくなり、ゆっくりの発話では同化しないことがあります。同化の発音を、無理に練習する必要はありませんが、リスニングには役立ちます。

2 問題点の解説、矯正法

変化前と変化後の子音の発音を練習し、2語に分かれていた発音と比較することで、違いを理解させましょう。

例 meet / you /miːt ju/ vs. meet you /miːtʃu/ 28

meetの /t/ は弱い破裂か脱落→4-2 することもありますが、/t+j/ が同化すると /tʃ/ という子音に変化します。

3 その他の同化

have to, has toでは、/v/ や /z/ が後ろのtoの無声音 /t/ →p.82 の影響で、無声音化し、/f/ や /s/ に変化することがあります。ただし、had toでは /d/ が /t/ になりますが、toの語頭 /t/ と同じ子音になるので、hadの /t/ は脱落します。
次の例の下線部では、/n/ に続く /ð/ の影響で /n/ の発音が、舌先を上下の歯の間に入れて、息を鼻から出します。

例 in the box　on the table　the chair and the table（andの /d/ は脱落）

練習用素材

① /**s**+**j**/ の組み合わせを同化させて /**ʃ**/ で発音してみましょう。

Please pass your papers.　　This year will be different.

② /**z**+**j**/ の組み合わせを同化させて /**ʒ**/ で発音してみましょう。

Raise your hands.　　Here's your homework.

③ /**t**+**j**/ の組み合わせを同化させて /**tʃ**/ で発音してみましょう。

Nice to meet you.　　Why don't you join us?

④ /**d**+**j**/ の組み合わせを同化させて /**dʒ**/ で発音してみましょう。

Did your grade improve?　　Could you read it for me, please?

アメリカ英語のくだけた発音

want to, going to, want itが /**wʌ́nə, wɑ́nə**/, /**gə́nə**/, /**wʌ́nit**/ と発音されるとき、音声変化が連続して起こっています。例えば、want toの変化を見てみましょう。

want to /**wɑ́nt tə**/ → wan + to /**wɑ́n tə**/ → wan + no /**wɑ́nə**/

（wan：tの脱落）（no：tが直前のnに同化）

この知識はリスニングでは役立ちますが、非母語話者が、この発音を真似る必要はありません。

アメリカ英語では、/**nt**/ が連続すると、舌先が歯茎→p.11 に接触する /**t**/ が、同じ舌の位置をとる /**n**/ に同化され、/**t**/ が脱落し、twentyは /**twéni**/ と発音されることがあります。

音声変化（まとめ）

30

英語は文字の場合、単語ごとにスペースを空けて書きますが、発音するときは単語ごとに区切らず、続けて発音するので、音声変化という現象を伴うことがあります。複数の単語がつらなる「連結→ 4-1 」、語末の破裂する子音などが消える「脱落→ 4-2 」、明確に発音する母音が弱くなり曖昧に発音される「弱化→ 4-3 」、話す速度が速くなると、隣接する音が別の音に変化する「同化→ 4-4 」などです。ただし、発話速度が遅い場合は音声変化が生じないこともあります。

自然な発話では、このような音声変化を伴わないと、きわめて不自然な発音になるので、単語の発音練習だけでなく、教科書の音読などの際にも、指導者側の注意や配慮が必要です。

小学生には、理屈を説明する必要はなく、良いモデルを聞かせて真似させるだけで練習になります。中学生の場合は、教員が教科書のどの部分で音声変化が起きるのかを指摘して、練習させるようにしてください。高校生以上であれば、音声変化のメカニズムについて説明し、最初は教員がその箇所を指摘して、発音練習をしますが、次第に生徒がどこで音声変化が生じるのかを発見させるようにすると、自律的な学習者を育てることにつながります。

friendship /**frén(d)ʃɪp**/, grandfather /**grǽn(d)fɑ̀ːðə**/, goodbye /**gʊ̀(d)báɪ**/ は語中でも脱落が生じます。また、脱落に似た同化の例として、months /**mʌnθs**/ は /**mʌnts**/ に、sixths /**sɪksθs**/ は /**sɪks**/ という発音もあり、clothes /**kloʊðz**/ は /**kloʊz**/ とも発音されます。

また、at theのように /**t, ð**/ の連続では、tの歯音化（すなわち、atは母音の後、thの構えで /**t**/ は発音しない）が起こります。

第5章　母音の指導

5-1　前舌母音①　/iː, i, ɪ/
　　　前舌母音②　/e, æ/

5-2　後舌母音①　/uː, u, ʊ/
　　　後舌母音②　/ɔː, ɑ, ɑː/
　　　後舌母音③　/ɔːr, ɑːr/

5-3　中舌母音　/ʌ, ə, ər, əːr/

5-4　二重母音①　/eɪ, aɪ, ɔɪ/
　　　二重母音②
　　　　/aʊ, oʊ/と/ɪər, eər, ʊər/

5-1 前舌母音 ① /iː, i, ɪ/

/iː/　日本語のイに近い音ですが、唇の両端に力を入れて出す音です。子供がけんかをしたときに、鼻にしわを寄せながら嫌いな相手に向って「イーッ」というイメージの音です。力を入れるために手をぎゅっと握って、唇を思いっきり横にひっぱると楽しく練習できるでしょう。

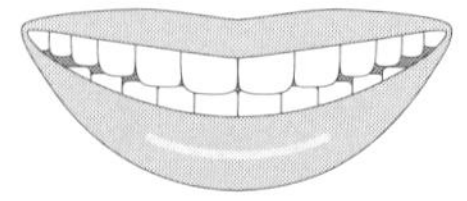

/iː/ /i/

/i/　happyの語末にある母音で、/iː/ より短く発音します。また、weのように /iː/ が弱化してこの音になることもあります。

/ɪ/　/iː/ から唇の両端の力を抜いて、短く発音するイです。/iː/ よりも口が少し緩んで横幅が狭くなります。イからエに口の形を少しずつ変化させていくと、途中で出てくる音です。

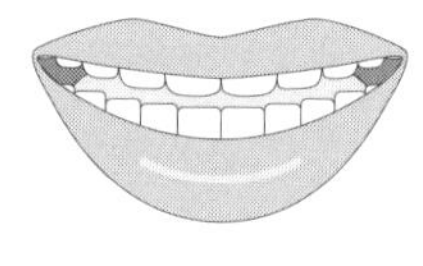

/ɪ/

指導上の注意

/iː/　唇を左右に強くひき（＝口角を上げる）、その緊張を持続させることに注意させてください。手鏡などを使って、日本語のイを発音するときよりも、唇の両端に力を入れて、顔の表情が変わることを確認させてください。

/ɪ/　/iː/ と /ɪ/ は、本来は長さだけではなくtense（緊張母音）-lax（弛緩母音）という質の差ですが、区別が困難な場合は学習者には /iː/, /ɪ/ の長さの対比（長短）で発音させても聞き手の理解度への影響は少ないでしょう。

練習用素材 31

① /iː/, /ɪ/ の発音に注意しながら読みましょう。

	/iː/		/ɪ/	
語頭	eat	/iːt/	Internet	/íntərnet/
	evening	/íːvnɪŋ/	India	/índiə/
	easily	/íːzɪli/	injure	/índʒər/
	even	/iːvn/	interview	/íntərvjuː/
語中	keep	/kiːp/	live	/lɪv/
	meet	/miːt/	miss	/mɪs/
	peace	/piːs/	sick	/sɪk/
	field	/fiːld/	sit	/sɪt/
語末	tea	/tiː/		
	free	/friː/		
	ski	/skiː/		
	key	/kiː/		

② /iː/, /ɪ/ の対比に注意しながら読みましょう。

leap – lip　　heat – hit　　peak – pick　　reach – rich　　seat – sit

母音四角形と緊張母音・弛緩母音

母音の口の中での位置関係を示すために描かれる図を、母音四角形→p.12といいます。顔を左側から見た図になっており、図の上下は口の上下関係を、左は口の前、右は口の奥を示しています。

この母音四角形の上の方を見ると、/iː/ と /ɪ/、/uː/ と /ʊ/ のように似たような記号が並んでいます。/ː/ は長音符号なので、日本語の音を長く伸ばす「ー」だという誤解を与えていますが、厳密には、これらは音の長さだけで区別されるのではありません。/iː/ と /uː/ は唇に緊張が伴う緊張母音、/ɪ/ と /ʊ/ は唇に力を入れすぎない弛緩母音と呼ばれる音です。

聞き取りの際にはそれぞれ音色が異なる音であるということを頭に入れておきましょう。母音四角形上、/ɪ/ が /iː/ よりも /ə/ に近い位置に示されていることからもわかるように、/ɪ/ は日本語の「イ」よりもやや曖昧な音に聞こえる場合があります。

5-1 前舌母音 ② /e, æ/

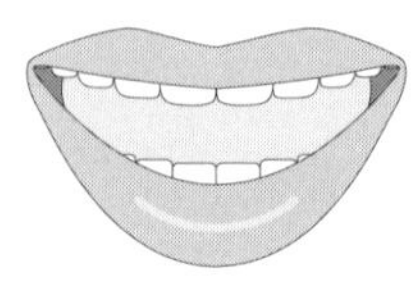

/e/

/e/ 日本語のエに近い音ですが、口を思い切り横に引いて「イーッ」というときの最初の口の形から下あごを少し下げて、口の力を抜かないで発音します。ちょうど、びっくりして「ええ～っ！」というときのような少し大げさなイメージで練習しておくとよいでしょう。

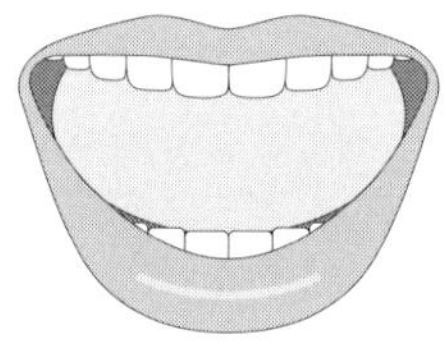

/æ/

/æ/ 日本語の「ア」とは異なる音です。日本語の「ア」より唇を横にしっかりと開き、あごを下げて発音しましょう。

指導上の注意

/e/ 鏡を見て、自分の口の開き具合を /iː/ と比較しながら確認させるとよいでしょう。辞書によっては、/ɛ/ の記号で表されていることもあります。

/æ/ 日本語では /æ/ ほど口を横に広く開くことがないので、唇の両端に力を入れて左右に引くよう指導します。「エの口でアを発音する」という説明は、学習者には理解しにくい説明です。むしろ、エの口を作ってから、うつむかないように注意しつつあごを下げて発音するよう説明しましょう。

練習用素材 32

① /e/, /æ/ の発音に注意しながら読みましょう。

	/e/	/æ/
語頭	else /els/ end /end/ ever /évər/ enter /éntər/	act /ækt/ animal /ǽnɪml/ actor /ǽktər/ apple /æpl/
語中	head /hed/ met /met/ pen /pen/ red /red/	cap /kæp/ man /mæn/ sad /sæd/ black /blæk/

② 対比練習 /e/ – /æ/

head – had　met – mat　pen – pan　bed – bad
dead – dad　men – man　said – sad　pet – pat
guess – gas　bend – band

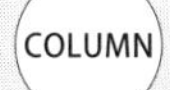

COLUMN イメージによる指導 ①

母音は微妙に舌の位置を変化させることによって発音することから、説明がむずかしくなります。そこで、母音を指導する際には、「イメージを活用する」とわかりやすくなります。下の例のようなイメージを与えてから発音させ、口の開き方については、観察して微調整の指示を与えると、比較的簡単に指導できます。これらは、あくまでイメージですので、この通りに構えるという意味ではありません。

例 /æ/ 「ハンバーガーにかぶりつくときの口」

/ɑ(ː)/ 「あくびの口」口を縦方向に大きく広げます。

/iː/ こどもが口げんかをしたときに、相手に向かって、鼻の頭にシワを寄せて言う「イーッ」(緊張母音→p.60なので、力が入っている)

/e/ 驚いたときに発する「エッ」(日本語よりも唇が横方向に引けている)

他のイメージについては、71ページに示しています。

5-2　後舌母音 ①　/uː, u, ʊ/

/uː/　日本語の「ウー」に近い音ですが、「ウー」よりも唇に力を入れて丸めて突き出しながら発音します。

/uː/　/u/

/u/　唇の形は同じで /uː/ よりも短く発音します。

例 /u/：actual　manual　casual

/ʊ/　/uː/ を発音するときの口から少し力を抜いて、唇をあまり突き出さないで「ウ」と言いましょう。唇の形に丸めが残るように注意します。日本語の「ウ」は唇がほとんど丸くなりませんが、英語では丸くなっています。

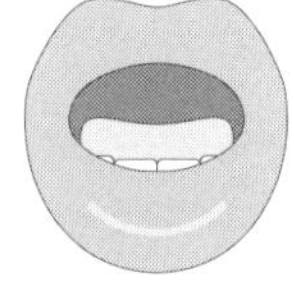

/ʊ/

指導上の注意

/uː/　鏡を見て、唇の形を確認させてください。口笛を吹くときや、ストローで飲み物を吸うときの口の形と説明するとイメージが理解できるでしょう。

/ʊ/　/iː/ - /ɪ/ と同様に、/uː/ - /ʊ/ も、緊張 - 弛緩→p.61 という違いがあります。/uː/ が唇を突き出すのに対して、/ʊ/ は突き出す必要はありません。/uː/ - /ʊ/ と続けてくり返させ、唇を突き出す、力を抜くという過程を練習させてみましょう。EIL の立場→p.43 からは、この2つは /uː/ と /u/ のように時間の長短の差があると理解させてもかまいません。

練習用素材 33

① /uː/, /ʊ/ の発音に注意しながら読みましょう。

	/uː/	/ʊ/
語 中	food /fuːd/ move /muːv/ movie /múːvi/ Tuesday /tjúːzdeɪ/	book /bʊk/ good /gʊd/ put /pʊt/ woman /wʊ́mən/
語 末	two /tuː/ blue /bluː/ true /truː/ through /θruː/	

② /uː/, /ʊ/ の対比に注意しながら読みましょう。

pool – pull　　fool – full　　Luke – look
（人名）

日本語には円唇母音がない？ /ʊ/を伸ばしても/uː/にならない？

標準日本語には唇を突き出して丸くする「円唇母音」がありません。日本語ではウやオでも、唇は比較的平らな状態で発音します。一方、英語には円唇母音があり、後舌母音のうち3つが該当します（/uː (u)/, /ʊ/, /ɔː (ɔ)/）。円唇母音の調音では、自分で唇を丸くしているつもりでも、十分にできていないことがあります。このような場合、手鏡を用いて、唇の形を観察すると修正できます。ただし、関西弁ではウを標準語の発音よりも円唇で発音しているので、方言によっては円唇母音の調音が容易になったり、難しくなったりするという差が出ます。

/uː/ と /ʊ/ は両方とも円唇母音ですが、前者は緊張母音、後者は弛緩母音という違いがあります→p.64。聞き取りの際にはそれぞれ音色が異なる音であるということを頭に入れておきましょう。母音四角形→p.12, 76上、/ʊ/ が /uː/ よりも /o/ に近い位置に示されていることからもわかるように、/ʊ/ は日本語の「ウ」よりもやや曖昧な音に聞こえる場合があります。

5-2 後舌母音 ② /ɔː, ɑ, ɑː/

/ɔː/ 何かに感心するときの「オー」のつもりで出す音です。唇が大きな円になるイメージで作ります。

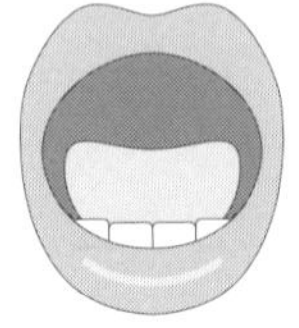

/ɔ(ː)/

/ɑ, ɑː/ 日本語の「ア」よりも口を縦に大きく開きます。「あくび」をするときのように、あごを下げて発音しましょう。人差し指・中指・薬指の3本を上下に並べて口に入れるイメージで、口を縦に大きく開けます。

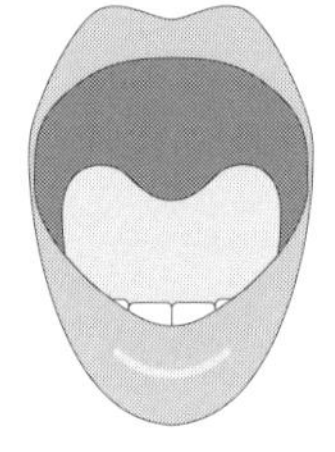

/ɑ(ː)/

指導上の注意

/ɔː/ バラエティ番組などでよく見かける聴衆の反応の「オー」を例に出すと、イメージが浮かびやすいでしょう。学習者の年代によっては、綱引きの掛け声（「オー・エス」）のイメージでもよいかもしれません。日本語よりも唇の丸めを強く意識させてください。口の形を示した上で、鏡を見て自分の口を確認させるとよいでしょう。

/ɑ, ɑː/ 口を縦に大きく開くよう説明すると学習者には理解しやすいですが、実際には、舌の後方を低い位置に保つことが調音のポイントです。下を向くとあごが下がりきらないので、正面を向いて練習するよう指導しましょう。綴り字の影響で日本語の「オ」のように発音されがちですが、アメリカ英語を基準にすると「オ」よりも「ア」に近い音です。

練習用素材 34

① /ɔː/, /ɑ, ɑː/ の発音に注意しながら読みましょう。

	/ɔː/	/ɑ, ɑː/
語 頭	all /ɔːl/ August /ɔ́ːgəst/ also /ɔ́ːlsoʊ/ audience /ɔ́ːdiəns/	office /ɑ́fəs/ omelet /ɑ́mlət/ honest /ɑ́nəst/ ah /ɑː/
語 中	ball /bɔːl/ bought /bɔːt/ fall /fɔːl/ taught /tɔːt/	stop /stɑp/ want /wɑnt/ body /bɑ́di/ father /fɑ́ːðər/
語 末	saw /sɔː/ draw /drɔː/ law /lɔː/ straw /strɔː/	spa /spɑː/

② /æ/ と /ɑ(ː)/ の対比に注意しながら読みましょう。

cat – cot　　hat – hot　　cap – cop

sang – song　　bass – boss

日本語の拍（モーラ）

本書では、日本語のリズムを「音節拍リズム」と表記しています。（等時性をもつ）音節がリズムの単位となっている訳ですが、厳密にいうと日本語の音の単位は拍（モーラ）と呼ばれています。俳句や短歌で「七五調」「五七調」などといいますが、その音を数えるときの単位です。日本語では、仮名1文字（子音＋母音）が基本的に1拍（モーラ）ですが、特殊拍と呼ばれる長音「ー」、促（そく）音「っ」、撥（はつ）音「ん」があり、そこに音節との違いが顕著に現れます。

例えば「学校」「新聞」についてみてみましょう。音節数と拍数が異なることがわかります。

音節区切り	拍区切り	音節区切り	拍区切り
ガッ｜コー	ガ｜ッ｜コ｜ー	シン｜ブン	シ｜ン｜ブ｜ン
2音節	4拍	2音節	4拍

5-2 後舌母音 ③ /ɔːr, ɑːr/

後舌母音②で扱った /ɔː/ と /ɑː/ の末尾が /r/ に変化するアメリカ英語の発音です。後半部分で、舌をお椀型にすることと、舌先を上あご（硬口蓋→p.11）に接触させない点に注意してください。少し暗くてこもったような響きが出るように徐々に音を変化させてください。

指導上の注意

練習では、最初 /ɔː/ や /ɑː/ を出して、ゆっくりと舌の形を変化させます。慣れてきたら、次第にその変化を速くして、なめらかに発音できるように練習させましょう。

/ɔːr/ も /ɑːr/ も、後半部分の調音が難しい場合は、変化させずに /ɔː/, /ɑː/ と発音してもかまいません。この発音は、イギリス英語の母音と同じですが、日本語話者がアメリカとイギリス両方の英語の母音を混ぜて発音しても、コミュニケーションにはほとんど支障がないので、気にする必要はありません。

ただし、聞き取りにおいては、/r/ の響きに慣れさせておくと、アメリカ英語のリスニングが容易になります。

他に /ər/ や /ɚ/ など辞書によって異なる表記がありますが、同じ発音です（鉤つきschwa→p.9）。

練習用素材 35

/ɔːr/, /ɑːr/ の発音に注意しながら読みましょう。

	/ɔːr/	/ɑːr/
語頭	oar /ɔːr/ order /ɔ́ːrdər/ organ /ɔ́ːrgən/	arm /ɑːrm/ art /ɑːrt/ arch /ɑːrtʃ/
語中	court /kɔːrt/ corn /kɔːrn/ horse /hɔːrs/	card /kɑːrd/ dark /dɑːrk/ part /pɑːrt/ start /stɑːrt/
語末	store /stɔːr/ door /dɔːr/ more /mɔːr/	star /stɑːr/ car /kɑːr/ far /fɑːr/ bar /bɑːr/

COLUMN 小道具の活用

発音指導に役立つ小道具として、手鏡の利用があります。教員がいくら説明をしても、実際に発音させてみると母音の発音で口の開きが狭かったり、/f/ で上歯を使わずに調音していることがあります。それを教員が指摘することも大切ですが、実際に鏡で自分の口元を見せることの方が、大きな効果があり、学習者も観察を通して納得します。

5-3　中舌母音　/ʌ, ə, ər, əːr/

/ʌ/　うつむいて強くつぶやくように「ア」と言ってみましょう。日本語の「ア」ほど口を大きく開かずに発音します。

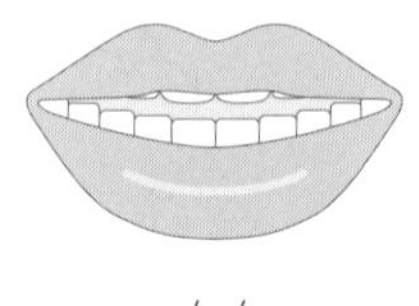

/ʌ/

/ə/　唇や舌の力を抜いて、閉じた唇がほんの少しだけ離れるくらいの口の構えで出る音です。

/ə/

/ər, əːr/　/ə/ よりも舌先を少し上げて /r/ の音色をつけて発音します。強勢があると /əːr/ と表記されます。辞書によっては、/ər/ を /ɚ/ と表記していることもあります。

指導上の注意

/ʌ/　日本語の「ア」に似ていますが、口が大きく開いていないことを確認してください。この母音は語強勢→ 2-1 が置かれることが多いので、「強くつぶやく」と説明しています。曖昧母音の /ə/ よりも強くはっきりと発音されます。

/ə/　/ə/ は一般的には「弱いアの音」→ 4-3 と説明されていますが、必ずしも「ア」とは限りません。例えば "today" の下線部も /ə/ と表記されます。音声を先に聞かせて、どのように聞こえるかを確認させてください。

/ər/　/ər/ はアメリカ発音で使用され、hooked schwa と呼ばれます。/ɚ/ と表記されることもあります。日本語母語話者は、無理にこの音を出そうとする必要はありません。

練習用素材 36

① /ʌ/, /ə/, /əːr/ の発音に注意しながら読みましょう。

	/ʌ/	/ə/	/əːr/
語頭	up /ʌp/ other /ʌ́ðər/ under /ʌ́ndər/ uncle /ʌŋkl/	again /əgén, əgéɪn/ arrive /əráɪv/ abroad /əbrɔ́ːrd/ afraid /əfréɪd/	earth /əːrθ/ early /ə́ːrli/ earn /əːrn/
語中	bus /bʌs/ fun /fʌn/ come /kʌm/ son /sʌn/	forest /fɔ́ːrest/ hundred /hʌ́ndrəd/ machine /məʃíːn/ police /pəlíːs/	bird /bəːrd/ hurt /həːrt/ learn /ləːrn/ word /wəːrd/
語末		Russia /rʌ́ʃə/ pizza /píːtsə/ camera /kǽm(ə)rə/ panda /pǽndə/	fur /fəːr/ occur /əkə́ːr/ prefer /prɪfə́ːr/ sir /səːr/

② /ɑ/, /ʌ/ の対比に注意しながら読みましょう。

collar – color　　doll – dull　　hot – hut
lock – luck　　not – nut　　shot – shut

イメージによる指導 ②

例 /uː/ ストローでジュースを飲むときの口のイメージです。唇を丸くすぼめて、前に突き出します。唇を丸くしたままで力を抜くと、少し広がり /ʊ/ になります。

/ɔː/ 唇で広く大きな円を作り、前に突き出します。/uː/ より広くなっていることを、手鏡で確認しましょう。

/ʌ/ 紙1枚が入るくらいすき間を作るイメージで、強くつぶやきます。

/ə/ /ʌ/ から力を抜いて発する「あいまいな音」のイメージです。はっきりとした母音に聞こえないことがポイントです。

5-4 二重母音 ①　/eɪ, aɪ, ɔɪ/

これらの音は、前の音から次の音へ向かってすべるように発音される1つのかたまりです。例えば**I /aɪ/** は、a　ɪ のように発音され、1つ目の音が主役で2つ目の音は脇役です。2つ目の音は、はっきりと発音されるのではなく、1つ目の音に軽く添えるような気持ちで発音します。**I /aɪ/** では、広く開けた **/a/** の口から、力を抜いて閉じていく動きの途中で **/ɪ/** を発音します。本書では、二重母音を3つのグループ（上向き①、上向き②、中向き→p.74）に分けて用例を示します。

指導上の注意

日本語で母音が連続する場合「あ｜い」→●｜●のように2つの母音は（ほぼ）同じ長さ・強さで発音されますが、英語の二重母音はあくまでも第1要素が主になりますから、第2要素との差をつけることが大切です。第2要素は到達点ではなく目標点ですから、「い」に到達する前の、まだ少し口が開いた状態を鏡で確認させるとよいでしょう。

最近日本語では単語アクセントの平板化が進んでいますが、外来語も例外ではありません。game /**geɪm**/ は、長音化も伴って「ゲーム」●●●（低高高）と発音する人が増えています。このような傾向が強い場合には、英語の二重母音の発音とはまったく違うものであることを認識させてください。

上向き①　/eɪ, aɪ, ɔɪ/

/**eɪ**/ が、カタカナ語ではエーと長母音化する傾向がありますので、意識的に第2要素の口の形をとらせる必要があります。

例　face　make　cake　37

練習用素材 38

/eɪ/, /aɪ/, /ɔɪ/ の発音に注意しながら読みましょう。

	/eɪ/	/aɪ/	/ɔɪ/
語頭	eight /eɪt/ able /éɪb(ə)l/ April /éɪpr(ə)l/ age /eɪdʒ/	eye /aɪ/ island /áɪlənd/ ice /aɪs/ Ainu /áɪnuː/	oil /ɔɪl/ oyster /ɔ́ɪstər/
語中	date /deɪt/ cake /keɪk/ rain /reɪn/ plane /pleɪn/	bike /baɪk/ fight /faɪt/ like /laɪk/ nine /naɪn/	boil /bɔɪl/ coin /kɔɪn/ noise /nɔɪz/ voice /vɔɪs/
語末	day /deɪ/ May /meɪ/ play /pleɪ/ stay /steɪ/	buy /baɪ/ die /daɪ/ high /haɪ/ fly /flaɪ/	boy /bɔɪ/ joy /dʒɔɪ/ toy /tɔɪ/ enjoy /ɪndʒɔ́ɪ/

二重母音の定義

二重母音の定義は一定しておらず、どの母音連続が二重母音として認められるかは、言語によって異なります。基準には、第1要素の音量や聞こえ度（sonority）が大きいことが使用される場合がありますが、研究者によって扱い方は異なります。

また、/ɪ, e, ʊ/ とその後に続く /ər/ をひとかたまりと考えて、r音性二重母音 /ɪər, eər, ʊər/ と見なすこともあります。また、/eɪər, aɪər, aʊər, ɔɪər, oʊər/ を三重母音と呼ぶこともあります。

5-4　二重母音 ②　/aʊ, oʊ/ と /ɪər, eər, ʊər/

上向き②　/aʊ, oʊ/

/oʊ/ が、カタカナ語ではオーと長母音化する傾向がありますので、意識的に第2要素の口の形をとらせる必要があります。

例 b<u>oa</u>t　c<u>oa</u>t　h<u>o</u>me　39

中向き　/ɪər, eər, ʊər/

（アメリカ英語では第2要素が r の音色をもつ /ɚ/ になります。）

40

/ɪər/	ear	beer	fear	rear	near	clear
	hear	here	dear			
/eər/	pair	rare	bare	care	fair	hair
	air	wear	where	chair		
/ʊər/	poor	tour	pure	during	cure	sure
	Europe					

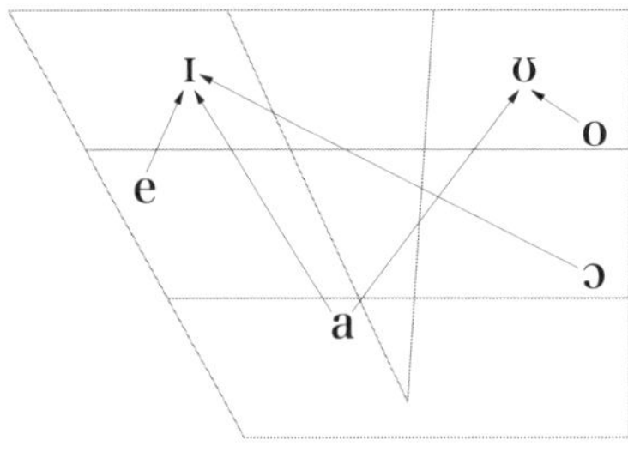

上向き二重母音

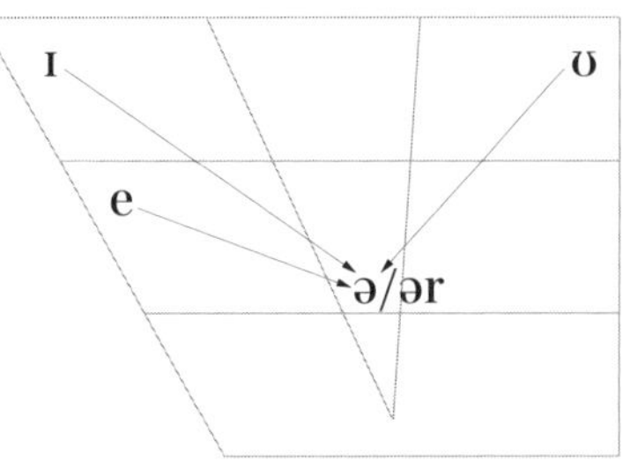

中向き二重母音

練習用素材 41

① /aʊ/, /oʊ/の発音に注意しながら読みましょう。

	/aʊ/	/oʊ/
語 頭	out /aʊt/ owl /aʊl/ ounce /aʊns/	old /oʊld/ only /óʊnli/ over /óʊvər/ open /oʊp(ə)n/
語 中	doubt /daʊt/ loud /laʊd/ mouth /maʊθ/ town /taʊn/	phone /foʊn/ home /hoʊm/ hope /hoʊp/ most /moʊst/
語 末	cow /kaʊ/ how /haʊ/ now /naʊ/	low /loʊ/ know /noʊ/ though /ðoʊ/ photo /fóʊtoʊ/

② /ɔː/, /oʊ/ の対比に注意しながら読みましょう。

saw – so　　law – low　　bought – boat　　caught – coat

フォニックス（Phonics）

フォニックスは、綴り字（アルファベット）と発音の対応を示して、文字の正しい読み方の学習を促進しようとするものです。元々は、英語圏のこどもたちに読み書きを教えるために開発されました。児童英語や小学校で導入されることも多くなってきました。フォニックスのルール（例外もありますが）を理解すると、知らない単語でも読み方がわかり、耳で聞いただけで綴りがわかるという利点があります。無料アプリや学習サイトもありますので、取り入れてみてはいかがでしょうか。

アプリ：楽しいABCフォニックス（iPhone / iPad, Android）
サイト：あいうえおフォニックス（https://aiueophonics.com/）

母音図

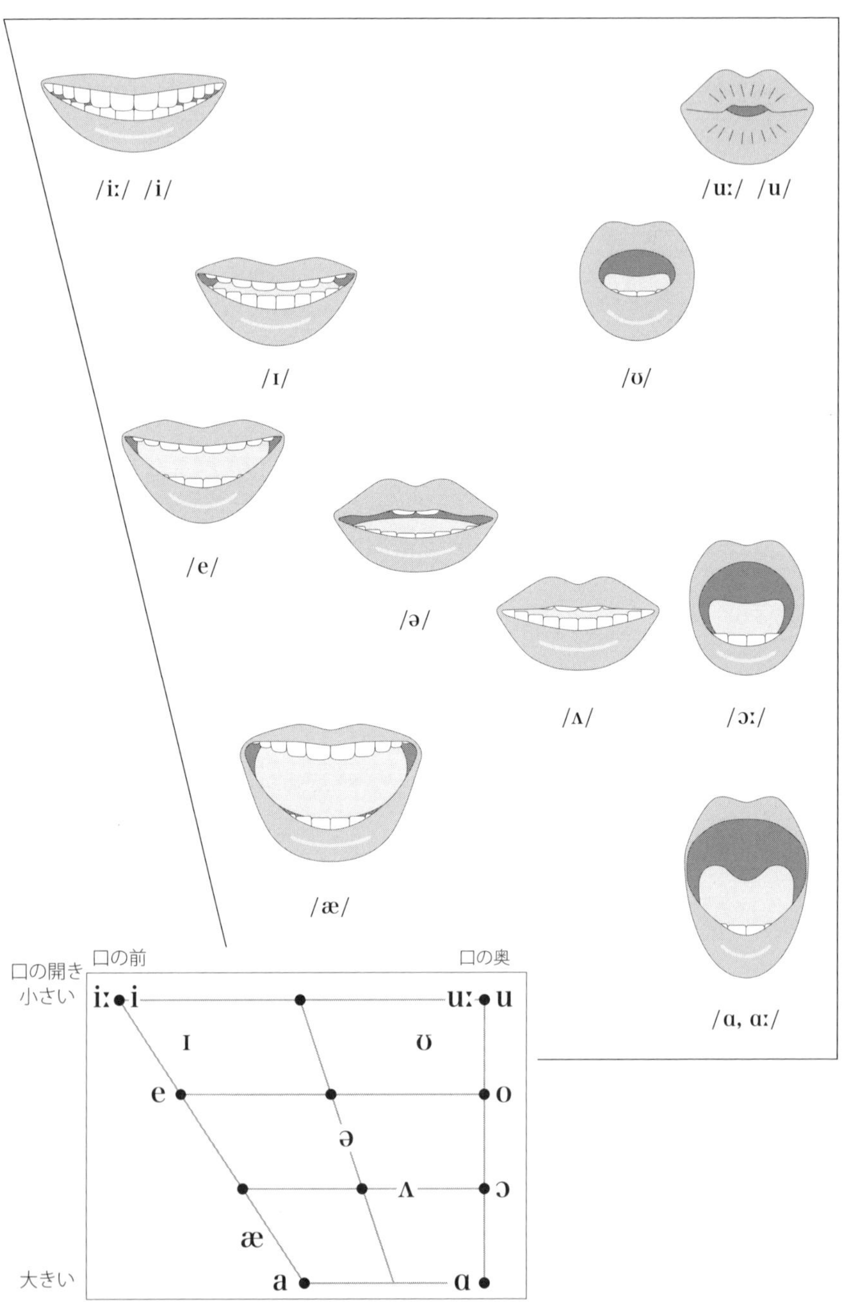

/iː/ /i/
/uː/ /u/
/ɪ/
/ʊ/
/e/
/ə/
/ʌ/
/ɔː/
/æ/
/ɑ, ɑː/
口の前
口の奥
口の開き
小さい
大きい
iː i
uː u
ɪ
ʊ
e
o
ə
ʌ
ɔ
æ
a
ɑ

母音の記号についての解説

英語音声学では、緊張母音と弛緩母音という対立関係から、前舌母音に /iː, ɪ/、後舌母音に /uː, ʊ/ という記号を使用します（/iː, uː/ は /i, u/ と表記されることもあります）。また、これ以外にhappyの語末母音は /i/ を使用するので、この母音は3種類に区別されています。これに対して、多くの中学校・高等学校で使用されている文部科学省検定済み教科書、および多くの英和中辞典では、/iː, i/, /uː, u/ という記号を使用しています。

しかし、本書では /iː, i/, /uː, u/ を使用することによる問題点が多く生じることから、大辞典で採用している記号（/iː, ɪ/, /uː, ʊ/）を採用しました。中学・高校の現場では混乱が多少生じるかもしれませんが、各項目の解説を読んで理解してくださることを期待しています。

もう少し解説を追加すると、eatに含まれる母音 /iː/ を短くし /i/ に、itに含まれる母音 /ɪ/ を長く伸ばして /ɪː/ として、両者を入れ替えて発音しても、いずれの語も本来の発音とは異なる発音になってしまいます。/ː/ という長音符号を使用するかしないかというだけの表記では、各母音が本来もっている音質の違いではなく単に同じ音の長短の違いという誤解を与えてしまうからです。ただし、EILの発音という立場からは、日本語に母音の長短による区別が存在するので、それを英語にもち込んでも、コミュニケーションに大きな支障は出ません。

次に、前寄りで低い位置にある母音を、IPAでは /ɛ/ と表記していますが、本書では日本ではなじみの薄い記号を避けて /e/ を採用しました。また、中舌母音は、アメリカ英語で使用されるrの音色をもつものには、/ɚ/ という記号を使用している辞書もありますが、同じく上記の理由により、本書では /ər/ を使用しています。rの音色を含む類似の母音としては、/ɔːr, ɑːr/ なども採用しています。後舌低母音 /ɑ/ は、大辞典では /ɑː/ と表記されることもあります。例えばhotでは、米音 /hɑt/、英音 /hɒt/と表記されます。しかし、これは多くの読者にとっては違和感を覚える表記だと思われます。そこで、本書ではその違和感を緩和させるために /(ː)/ と、長音符号を ( ) で包みました。

いずれにしても、完全にIPAに準拠しているということでもなく、教科書や英和中辞典で用いられている我が国独特のルールを考慮し、大辞典に近い記号も含め、最大公約数的な記号を本書では採用しています。

第6章　子音の指導

6-1　破裂音①　/p, b/　破裂音②　/t, d/
破裂音③　/k, g/

6-2　摩擦音①　/f, v/　摩擦音②　/θ, ð/
摩擦音③　/s, z/　摩擦音④　/ʃ, ʒ/
摩擦音⑤　/h/

6-3　破擦音　/tʃ, dʒ, ts, dz/

6-4　鼻音①　/m, n/　鼻音②　/ŋ/

6-5　側音　2種類の/l/

6-6　接近音①　/r/　接近音②　/j/
接近音③　/w/

6-7　子音群

6-1 破裂音 ① /p, b/

まず、唇をしっかり閉じます。
次に、空気銃になったつもりで、両唇を開き、息を一気に吐き出します。

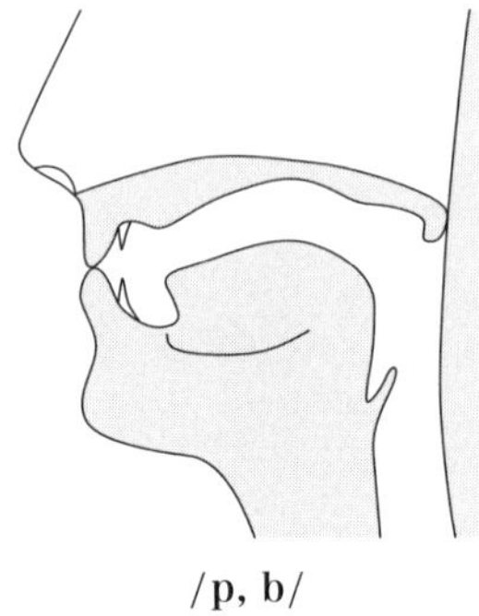

/p, b/

指導上の注意

1 日本語のパ行やバ行を発音するときの口の構えと同じですが、息の出し方が、日本語よりもっと強くなります。唇をしっかり閉じ、息をためて、強めに一気に吐き出します。

2 口の15cmほど前に、片手でティッシュペーパーをもち、ティッシュの下端に息が当たる位置でぶら下げます。次に、**/p, b/** を発音したときにティッシュが揺れれば十分な息が出ています。揺れないようならまだ弱いので、もっと強く息を出してみましょう。日本語のパバで同じことを試してみても、ペーパーは動きません。理由は、日本語には息のためがなく、息を吐き出すスピードも遅いからです。

3 語頭の場合は上の説明のように強い息を出して発音（これをaspirationと呼びます）しますが、語末や後ろに破裂音が続くときは少し弱くなります。例えばcup, help, acceptの **/p/** では、唇を閉じただけで、息を吐き出さないこともあります。とくに語末では、cupがカップ、helpがヘルプになるなど、**/p/** の後ろに不要な母音をつけてしまいがちなので、注意してください。

練習用素材

42

① /**p**/, /**b**/の発音に注意しながら読みましょう。

	/p/		/b/	
語頭	park	/pɑːrk/	bit	/bɪt/
	pool	/puːl/	back	/bæk/
	paper	/péɪpər/	bed	/bed/
	people	/píːp(ə)l/	best	/best/
語中	happy	/hǽpi/	about	/əbáʊt/
	report	/ripɔ́ːrt/	number	/nʌ́mbər/
	happen	/hǽp(ə)n/	rugby	/rʌ́gbi/
	disappear	/disəpíər/	symbol	/símb(ə)l/
語末	cup	/kʌp/	job	/dʒɑ(ː)b | dʒɔb/
	sleep	/sliːp/	club	/klʌb/
	wrap	/ræp/	bulb	/bʌlb/
	step	/step/	grab	/græb/

② 文で練習してみましょう。

・Peter Piper picked a peck of pickled peppers.
A peck of pickled peppers Peter Piper picked.
If Peter Piper picked a peck of pickled peppers,
Where's a peck of pickled peppers Peter Piper picked?

・Ben had two big boxes.

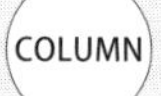

有声音（voiced sound）と無声音（voiceless sound）

有声音は喉仏に手をあてて発音してみると、指先に震えが感じられる音です。声帯が振動しています。英語では、母音すべてと次の子音 /**b**/, /**d**/, /**g**/, /**v**/, /**ð**/, /**z**/, /**ʒ**/, /**dz**/, /**dʒ**/, /**m**/, /**n**/, /**ŋ**/, /**l**/, /**r**/, /**j**/, /**w**/ が有声音です。

無声音は、喉仏に手をあてて発音してみると、指先に震えが感じられない音です。声帯は振動していません。英語では、/**p**/, /**t**/, /**k**/, /**f**/, /**θ**/, /**s**/, /**ʃ**/, /**ts**/, /**tʃ**/, /**h**/ が無声音です。

6-1　破裂音 ②　/t, d/

日本語の「タ」「ダ」を出すときの口の構えと同じ音です。舌先を上の歯のすぐ後ろにあてます。そのまま息をためて、その息を一気に吐き出しながら、舌先を離します。その音が **/t/** です。声を一緒に出すと **/d/** の音になります。「タ」や「ダ」を出すときよりも息が強く出るように気をつけましょう。口の前に手を置いて、吐いた息がはっきり感じられるくらいの強さです。

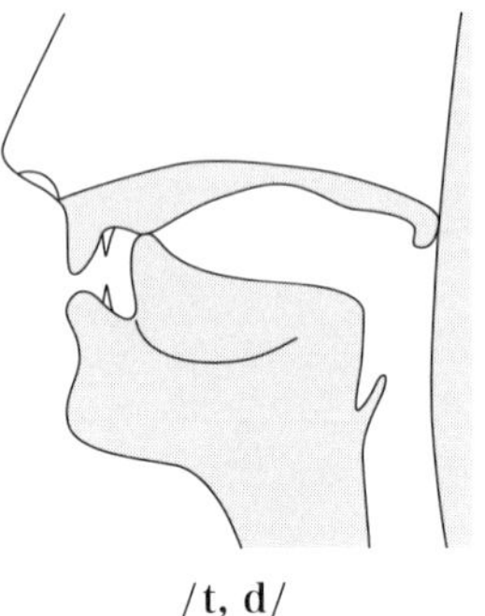

/t, d/

指導上の注意

1 語頭では、特に日本語の「タ」や「ダ」の音よりも息が強く出るように意識させます。舌が離れる直前に「息のため」ができているかどうかが、日本語との違いです。口の前にティッシュを置いて、「タ」－ **/t/**、「ダ」－ **/d/** を発音させて、後者では実際にティッシュが震えるくらいに強い音を作らせます。

2 特に語末では、学習者が後ろに母音をつけてしまうことも多いのですが、日本語のかな発音（タ・ト・ドなど）のように、母音がつかないように気をつけさせてください。bedは「ベッド」ではなく、itも「イット」ではありません。最後は破裂の弱い子音 **/t, d/** のみで終わります。

3 単語の最初ではいったん空気の流れを止めて（閉鎖）から急に離す（破裂）のですが、単語の最後では閉鎖だけで終わったり、弱い破裂で終わってしまいます。この場合には、舌をあてるところまでを意識させるようにします。

練習用素材 43

① /t/, /d/ の発音に注意しながら読みましょう。

	/t/		/d/	
語頭	ten	/ten/	desk	/desk/
	team	/tiːm/	door	/dɔːr/
	turn	/təːrn/	dinner	/dínər/
	table	/téɪb(ə)l/	duck	/dʌk/
語中	guitar	/gɪtɑ́ːr/	study	/stʌ́di/
	hotel	/hoʊtél/	cloudy	/kláʊdi/
	return	/rɪtə́ːrn/	student	/stjúːd(ə)nt/
	beautiful	/bjúːtəf(ə)l/	introduce	/intrədjúːs/
語末	set	/set/	ride	/raɪd/
	minute	/mínət/	cloud	/klaʊd/
	start	/stɑːrt/	card	/kɑːrd/
	present	/preznt/	salad	/sǽləd/

② 文で練習してみましょう。

- Did you get twenty ducks?
- Let me introduce myself.
- He has a strong spirit.
- Return to your seat.

閉鎖音と破裂音

英語では破裂音は6種類の音 /p, t, k, b, d, g/ ですが、閉鎖音とも呼ばれます。これらに共通することは、発音するとき、口のどこかが閉じられることで、息の流れが止まります。この状態を重視すると「閉鎖音」と呼ばれます。次に、開放することで呼気は一気に出ます。この際に破裂が生じるので、破裂音とも呼ばれます。どちらに着目するかで2種類の名称に分かれています。

メカニズム図

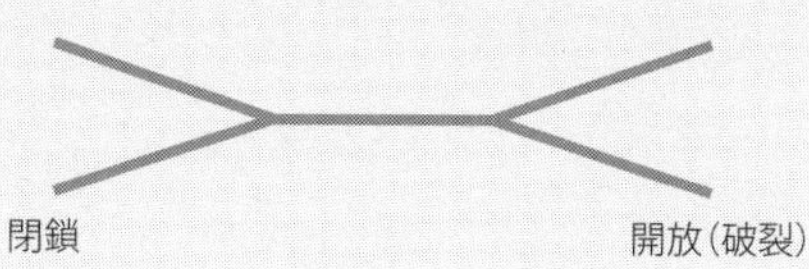

6-1　破裂音 ③　/k, g/

日本語の「カ」「ガ」を発音するときと同じ口の構えです。まずは語頭で練習し、次に語末で母音を発音しない練習をしましょう。

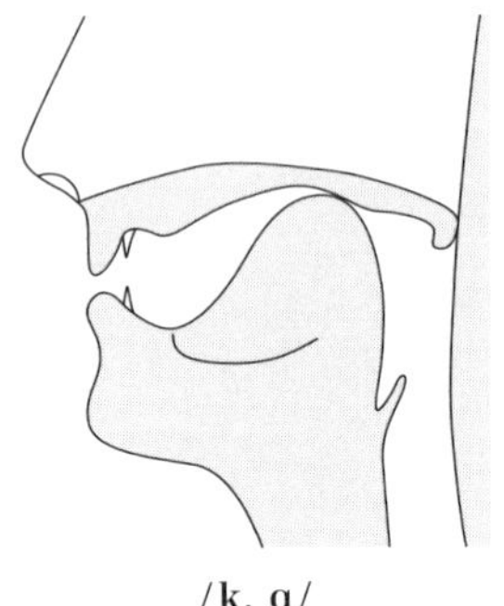

/k, g/

「くくくく・・・」を息を強く出しながら言ってみましょう。舌のつけ根が口の奥に当たっているのがわかりますか。その部分をしっかりつけて、息を吐き出しながらぱっと話すときに出る音が /**k**/ です。声を伴うと /**g**/ になります。

指導上の注意

1 日本語の「カ」「ガ」を発音するときの口の構えと同じですが、息の出し方が、日本語よりもっと強くなります。息をためて、強めに一気に吐き出させます。

2 特に語末にある場合、母音「ウ」が続かないよう注意しましょう。bagを「バッグ」、shockを「ショック」と日本語で発音すると、「ウ」が発音されてしまうので注意します。

3 綴りでは、kだけでなくc、chで /**k**/ と発音することもあります。

例 basi<u>c</u>　<u>ch</u>emistry

練習用素材 44

① /k/, /g/ の発音に注意しながら読みましょう。

	/k/		/g/	
語頭	cat	/kæt/	go	/goʊ/
	cool	/kuːl/	get	/get/
	kind	/kaɪnd/	give	/gɪv/
	country	/kʌ́ntri/	grow	/groʊ/
語中	lucky	/lʌ́ki/	ago	/əgóu/
	become	/bɪkʌ́m/	agree	/əgríː/
	second	/sék(ə)nd/	begin	/bɪgín/
	school	/skuːl/	forget	/fərgét/
語末	talk	/tɔːk/	egg	/eg/
	week	/wiːk/	bag	/bæg/
	speak	/spiːk/	leg	/leg/
	dark	/dɑːrk/	big	/bɪg/

② 文で練習してみましょう。

・Ken is a kind guy.

・The goose laid six eggs.

・See you next week.

綴り字発音

英語の綴り字通りに、あるいはローマ字のように発音しようとする生徒が多数いますが、これを綴り字発音と言います。例えば、tasteに-sがつくと/teɪsts/ですが、これを/teɪstes, -tiz/と発音したり、saysは/sez/ですが、say /seɪ/ の影響で/seiz/と発音する、またwarmをウァームと読んだりします。Wednesdayといった変則的な綴り字の場合も、ウェドネスデイと読んで覚えようとします。様々なタイプがありますが、いずれにしても発音には悪影響を及ぼしますので、綴り字発音をしていないかどうか、学習者の発音に注意を払ってください。

テレビのアナウンサーでもアカデミー賞(Academy Award)を「アワード」と言うことがあり、さらにアを高いアクセントで読むことから、音だけではまったく単語を思い浮かべられないことがあります。

6-2　摩擦音 ①　/f, v/

/**f**/ は、上の歯に下唇の内側を軽くつけて、息を強く吹きつけましょう。声を一緒に出せば、/**v**/ の音になります。

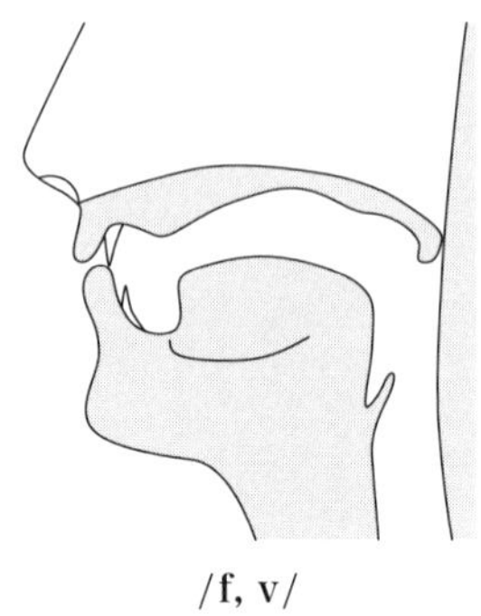

/**f, v**/

指導上の注意

1 すぐに上の歯と下唇を離してしまうと、摩擦の音が出ないので注意しましょう。それを防ぐために、十分に摩擦が出たのを自分の耳で確認してから、次の音に移行するよう指示してください。foodの発音では、/**f - - - - - - - u:--d**/ のように、/**f**/ をしっかりと伸ばす練習から始め、摩擦が出るようになったら、次第に短くしていくと、/**fu:d**/ と通常通りに発音しても、 摩擦を作ることができるようになります。

2 有声音 /**v**/ は無声音 /**f**/ よりも息の強さがさらに必要になります。/**v**/ を調音したときに、下唇に振動を感じる程度の強さの息が出ているか確認させてください。

3 時々耳にする「上の歯で下唇を噛む」という説明は誤りです。また、息が弱いと摩擦が生じないので、強く息を出すことが重要です。

4 日本語の「フ」や「ブ」で /**f, v**/ を発音しないように、注意してください。日本語は上下の唇で発音しますが、英語は上の歯を使う点が、大きな特徴です。しかし、日本語話者は日常的にこのような音を作ることに慣れていないため、上唇を使ってしまいがちです。

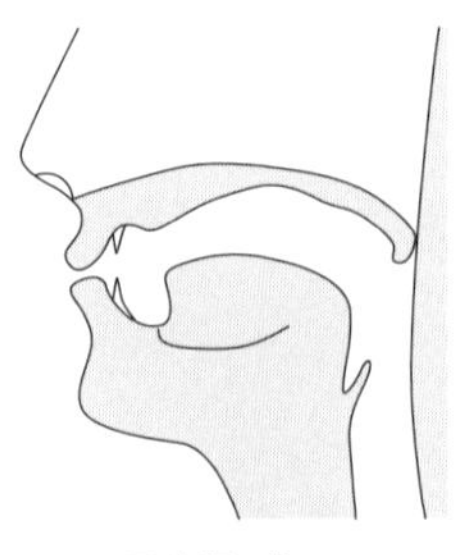

日本語の「フ」

練習用素材 45

① /f/, /v/ の発音に注意しながら読みましょう。

	/f/		/v/	
語頭	fan fine face far	/fæn/ /faɪn/ /feɪs/ /fɑːr/	very video valley view	/véri/ /vídiòʊ/ /væli/ /vjuː/
語中	before breakfast different performance	/bɪfɔ́ːr/ /brékfəst/ /dífrənt/ /pərfɔ́ːrməns/	every river event never	/évri/ /rívər/ /ɪvént/ /névər/
語末	life beef enough wife	/laɪf/ /biːf/ /ɪnʌ́f/ /waɪf/	love save drive twelve	/lʌv/ /seɪv/ /draɪv/ /twelv/

② 文で練習してみましょう。

- Fred has fresh vegetables for breakfast.
- Steven and I have to read a book every week.
- Eve was born on November twelfth, seventeen-eleven.
- Felix drove fourteen miles.
- Philip felt himself quite another man.

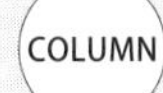

発音とカナ表記

最近、カナ表記でバイオリンの代わりに、/v/ をヴァイオリンと書いたり、/f/ をファ・フィ・フ・フェ・フォと表記することが増えていますが、あくまでもカナであって、英語発音とは異なります。文部科学省(1991)「外来語の表記」では、ファ・ヴァという表記も認めています。

6-2 摩擦音 ② /θ, ð/

口を軽く開け、舌先が上の歯先に軽く触れるようにします。そのとき舌先が正面から見えるように、手鏡などを使って位置を調整します。上の歯先と舌先が出会う場所にある、狭い隙間に息を強く吹きつけます。このときに出るのが /**θ**/ の音で、声を一緒に出して濁った音を出せば /**ð**/ になります。

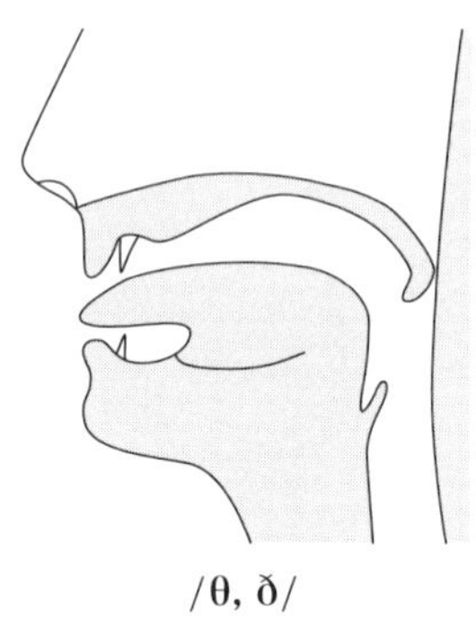

/θ, ð/

指導上の注意

1 上下の歯で舌を噛む（あるいは、はさむ）といった指示を良く聞きますが、その形ではこれらの音を出すための空気の通り道がなくなってしまいます。上の歯と舌先があくまでも軽く接触すること、/**s**/, /**z**/→p.90 よりも少し舌先が前方にあることを意識させてください。
語頭の音を使って、持続的・継続的に息を出させるようにしてください。浮き輪から空気を抜くときに、キャップの先をつまんで平たい形にして、徐々に出していくようなイメージです。

2 日本語にない調音法であるため、日本語のサ行やザ行の子音で代用してしまう傾向があります。舌先の位置の調整や、舌先と上の歯先がどの程度接近・接触すれば摩擦が起こるかについて、意識を向けさせることが必要です。ただし、他の摩擦音と比べると摩擦は弱く響きます。

3 綴り字ではthで表されます。

練習用素材

46

① /θ/, /ð/ の発音に注意しながら読みましょう。

	/θ/		/ð/	
語頭	thing thought thank third	/θɪŋ/ /θɔːt/ /θæŋk/ /θəːrd/	then this those these	/ðen/ /ðɪs/ /ðoʊz/ /ðiːz/
語中	something birthday nothing healthy	/sʌ́mθɪŋ/ /bə́ːrθdeɪ/ /nʌ́θɪŋ/ /hélθi/	mother weather another without	/mʌ́ðər/ /wéðər/ /ənʌ́ðər/ /wɪðáʊt/
語末	math month mouth south	/mæθ/ /mʌnθ/ /maʊθ/ /saʊθ/	breathe	/briːð/

② 文で練習してみましょう。

・These three tickets were bought by Mathew.

・Elizabeth got 33 books.

・I don't like this. Show me another.

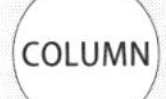

th 音と世界の言語

th の子音は日本語にない音なので、発音が難しい部類に入ります。しかし、数千もあると言われている世界の言語を見ると、この th をもつ主要言語は、英語とアラビア語だけで、その他の言語には存在しない音です。そのために、多くの外国人の英語学習者にとって、習得が困難な音になっており、日本語話者だけが苦労している音ではありません。

世界の言語を大別すると、この th 音を子音の近似音に置き換える方法は /**s, z**/ 系か /**t, d**/ 系になります。日本語・フランス語話者は /**s, z**/ 系、ドイツ語・オランダ語話者は /**t, d**/ 系に入ります。

スペイン語では、無声の th だけがあり、有声の th はありません。

6-2 摩擦音 ③ /s, z/

/s/ の音は、日本語の「サ」を出すときと同じ口の構えで出す音です。「サ」というつもりで口の形を作ります。日本語の「サ」を出すときよりも息が強く出るように気をつけましょう。口の前に手を置いて、吐いた息が感じられるくらいの強さです。声を一緒に出すと、/z/ の音になります。

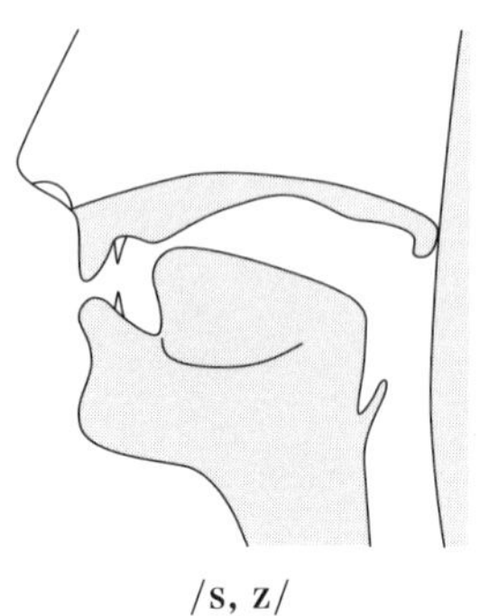

/s, z/

指導上の注意

1 日本語の「サ」行の子音には、2種類の音が使われています。具体的には、「サ」「ス」「セ」「ソ」の子音は「サ」と同じですが、「シ」の子音は異なります。説明のときに「サ」行の音というくくり方をすると、混乱する学習者が出る恐れがあります。/z/ は「ズ」、/dz/ → p.96 とは異なるので、/s/ の口の構えで、声を一緒に出させるように指導してください。

2 日本語の「サ」の子音よりも息が強く出るように意識させます。/s/, /z/ を発音させたとき、口の前に置いたティッシュが震えるくらいのイメージで強い音を作らせます。

3 最近では、日本語のサ行・ザ行に /θ/, /ð/ を使う学習者がいます。目で見てチェックする場合には、舌先が上下の歯の間から見えないこと（見えたら /θ/, /ð/ です）、聞いてチェックする場合には、/s/, /z/ の方が鋭い響きがする点に注意してください。

4 /si/ という音連続の発音で、「シ」（子音部分が /ʃi/ → p.92）にならないように注意してください。逆に、ma<u>chi</u>ne の /ʃi:/ を /si:/ で発音してしまう過剰矯正する例もあります。

練習用素材 47

① /s/, /z/ の発音に注意しながら読みましょう。

	/s/		/z/	
語頭	say	/seɪ/	zero	/zíəroʊ/
	sunny	/sʌ́ni/	zoo	/zuː/
	sister	/sístər/	zone	/zoʊn/
	seven	/sév(ə)n/	zebra	/zíːbrə/
語中	receive	/rɪsíːv/	easy	/íːzi/
	December	/dɪsémbər/	visit	/vízət/
	baseball	/béɪsbɔːl/	music	/mjúːzɪk/
	person	/pə́ːrs(ə)n/	reason	/ríːz(ə)n/
語末	once	/wʌns/	size	/saɪz/
	nurse	/nəːrs/	lose	/luːz/
	tennis	/ténəs/	close	/kloʊz/
	impress	/ɪmprés/	please	/pliːz/

② 文で練習してみましょう。

- They found six small zebras.
- It's about the size of a baseball.
- Mozart composed classical music.
- Disney founded his cartoon company and amusement parks.

COLUMN /si/ の矯正法 48

/si/ の組合せは、日本語にはないので、サ行音では「シ」になる傾向があります。例えば、see と she の区別がうまくできず、どちらも she になるという誤りです。これを矯正するには、/s/ の舌の位置を確認させることが重要で、そのためにまず nice を発音させます。これに続いて city を連続的に発音させると /síti/ と発音できるようになります。

/siː/ と /ʃiː/ の対比練習：sea – she　seat – sheet　seal – she'll

これ以外にも、/sɪ/ と /θɪ/ の区別も、困難を感じる学習者がいます。いずれも、舌の位置をしっかり確認させることが大切です。

/sɪ/ と /θɪ/ の対比練習：sing – thing　sick – thick　sin – thin

6-2 摩擦音 ④ /ʃ, ʒ/

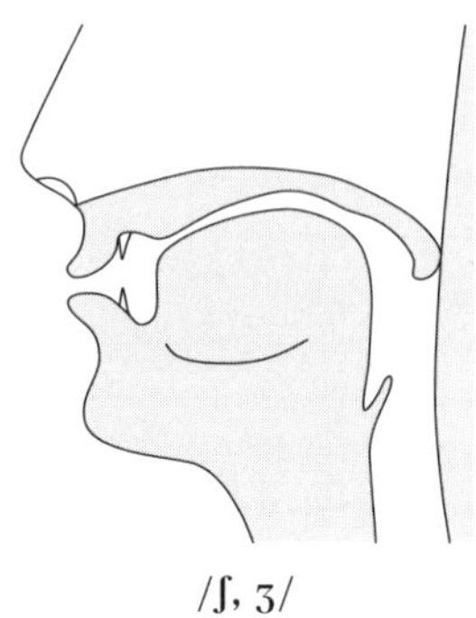

/ʃ, ʒ/

/ʃ/ は唇を丸く突き出し、日本語の「シャ・シュ・ショ」の出だしと口の構えが近い音です。摩擦の音がしっかり出るよう注意しましょう。/ʒ/ は日本語の「ジャ・ジュ・ジョ」と異なり、舌先を上の歯茎→p.11につけずに発音します。

指導上の注意

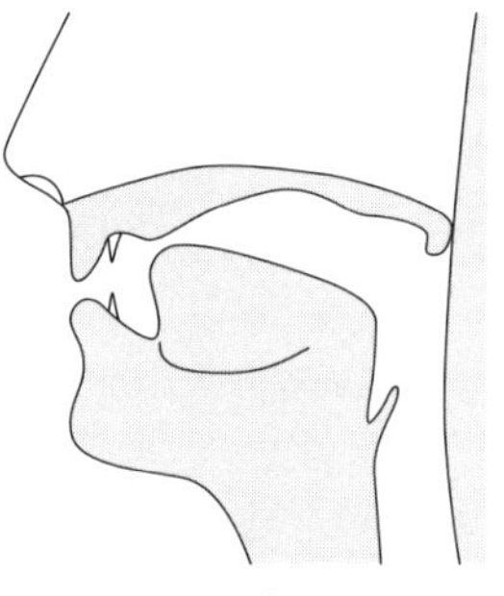

日本語の「シュ」

1 厳密に比較すると、日本語の「シャ・シュ・ショ」の出だしでは舌先だけが歯茎→p.11に近づくのに対して、/ʃ/ では舌の奥から先まで全体がもち上がります。

2 /ʒ/ は、発音するときに舌先が歯茎に接触してしまうと /dʒ/ という別の音になるということを意識させましょう。→p.96

練習用素材 49

① /ʃ/, /ʒ/ の発音に注意しながら読みましょう。

	/ʃ/		/ʒ/	
語頭	sheep short shoe shout	/ʃiːp/ /ʃɔːrt/ /ʃuː/ /ʃaʊt/	genre	/ʒɑ́ːnrə/
語中	delicious special station musician	/dɪlíʃəs/ /speʃ(ə)l/ /steɪʃ(ə)n/ /mjuːzíʃ(ə)n/	usually treasure pleasure decision	/júːʒu(ə)li/ /tréʒər/ /pléʒər/ /disíʒ(ə)n/
語末	fish wash finish English	/fɪʃ/ /wɑʃ/ /fínɪʃ/ /íŋglɪʃ/	rouge mirage	/ruːʒ/ /mɪrɑ́ːʒ/

② 文で練習してみましょう。

- She sells seashells by the seashore.
- She also sells delicious fish dishes.
- I found the shining shellfish on the shore.
- I wish she could wash her shirt and sheet.

COLUMN フィンガーモデルの利用

左右の手を上顎と舌に見立てて、両者の関係を示しながら説明をすると、見えない口の中の様子が学習者に伝わり、理解を促進します。例えば /ʃ/ や /r/ の説明などでは、視覚的に両者の位置関係や舌の形などが理解できます。

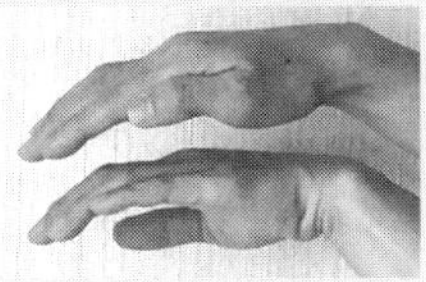

/ʃ/ のフィンガーモデル

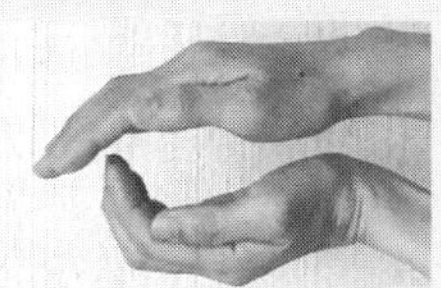

/r/ のフィンガーモデル

6-2 摩擦音⑤ /h/

日本語の「ハ・ヘ・ホ」の出だしと似た音ですが、あまり強く息を出しすぎないようにしましょう。例えば、寒いときに息を「ハァーッ」と手に吹きかけるような強さにならないように注意してください。英語では、/h/ の音が語末にくることはありません。

指導上の注意

1 英語の /h/ は摩擦音に分類されていますが、息の強さとは関係なく、ほとんど摩擦が聞こえません。日本語のハ行音は比較的強い摩擦が生じますが、英語の /h/ はそれほど強くありません。例えば、"he" /hiː/ は、日本語の「ヒ」で発音するとドイツ語の /ç/（無声硬口蓋摩擦音）に、"who" /huː/ は、日本語の「フ」で発音するとスペイン語の /ɸ/（無声両唇摩擦音）になってしまい、英語本来の響きとは異なります。

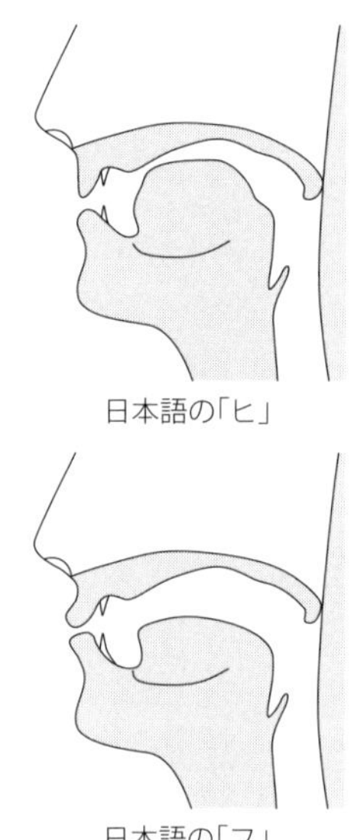

日本語の「ヒ」

日本語の「フ」

2 日本語の「ハ・ヘ・ホ」と /h/ はほぼ一致していますが、日本語で /f/ を書き表すのにフを用いており、上で説明した通り異なる音になります。英語の発音では、/h/ と /f/ は明確に区別する必要があり、/h/ は弱い摩擦で調音すれば問題はありませんが、/f/ では上歯を使わないと調音できません。日本語にはない音の出し方ですが、面倒くさがらずに、上歯を意識して練習させましょう。

3 日本語話者には、/h/ と /f/ の区別に困難を感じる人が多数います。日本語の「ハ・ヘ・ホ」は英語の /h/ の近似音ですが、/f/ が存在しないことから、/f/ の調音の際に /h/ または両唇の摩擦音で代用しようとするので、注意が必要です。

練習用素材 50

① /**h**/ の発音に注意しながら読みましょう。

	/**h**/	
語頭	hand	/**hænd**/
	hint	/**hɪnt**/
	hook	/**hʊk**/
	hundred	/**hʌ́ndrəd**/
語中	behind	/**bɪháɪnd**/
	rehearse	/**rihə́ːrs**/
	ahead	/**əhéd**/
	neighborhood	/**néɪbərhʊd**/

② 文で練習してみましょう。

- Hit a home run, Henry!
- You can hang your hat here.
- How long have you lived here?
- How high can I hop?　You can hop high above your head.

③ /**h**/-/**f**/ の対比に注意しながら読みましょう。

heat – feet　　hat – fat　　hair – fair

「ハ」と「バ」と「パ」

日本語はハ行音とバ行音が対になっていますが、英語では /**p**/ と /**b**/、または /**f**/ と /**v**/ が対立関係にあります。ただし、無声音 /**h**/ に対する有声音→p.13 は、日本語も英語も使用しません。

日本語：ハ - バ - パ
　　　　ha　ba　pa

英　語：/**p**/ - /**b**/
　　　　/**h**/ - ×　（アラビア語にはhの有声音がある）

＊東京外国語大学のIPA（国際音声字母）のサイトで、hの有声音（有声声門摩擦音）の音声サンプルを聞くことができます。
http://www.coelang.tufs.ac.jp/ipa/vowel.php

6-3 破擦音　/tʃ, dʒ, ts, dz/

/tʃ, dʒ/

日本語の「チャ・チュ・チョ・ジャ・ジュ・ジョ」の出だしより唇を丸く突き出し、息を強く出して、一気に発音しましょう。

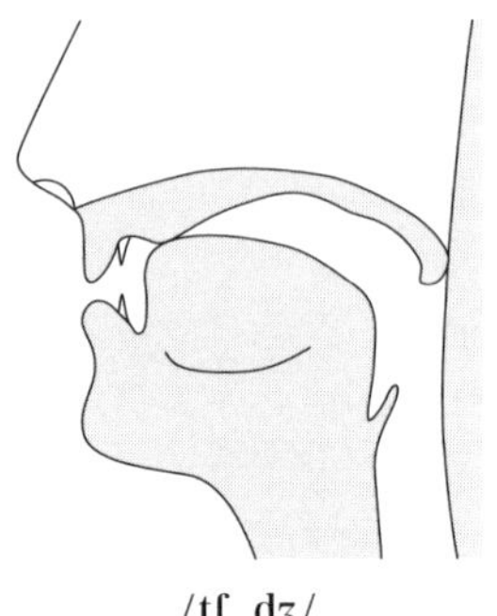

/tʃ, dʒ/

/ts, dz/

日本語の「ツ・ヅ」の出だしと口の構えが近い音です。強い息で、一気に発音しましょう。記号は2つ書いてありますが、これで1つの音です。英語では、語頭には現れません。

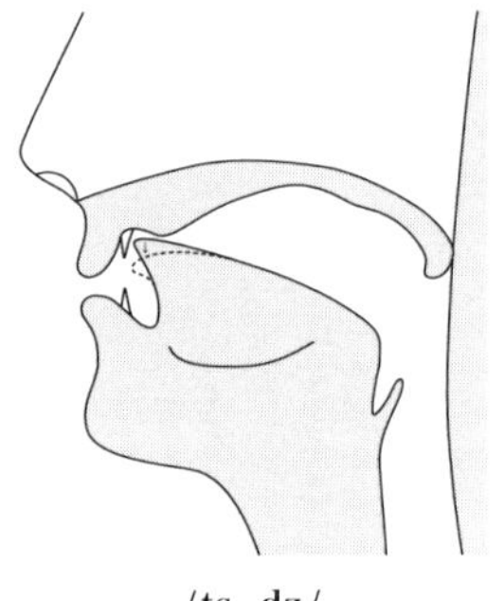

/ts, dz/

指導上の注意

/tʃ, dʒ/　/ʃ, ʒ/ の項でも解説している通り、日本語の「チャ・チュ・チョ・ジャ・ジュ・ジョ」の出だしよりも舌の奥の方が高くなりますが、日本語の音で代用しても、コミュニケーション上では問題になりません。ただし、**/dʒ/** と **/ʒ/** の区別では、学習者の発音に注意してください。

例 major /**dʒ**/ – measure /**ʒ**/

/ts, tz/　この音は破擦音なので、短く一気に発音します。"cats" /**kæts**/, "cards" /**kɑːrdz**/ のように語末に **/ts, dz/** があるときには、直後に母音が入って /**kætsu**/, /**kɑːrdzu**/ とならないよう注意してください。また、摩擦音 /**ð**/→p.88の代用で /**dz**/ を用いる学習者がいないか、よく観察してください。

練習用素材

① /tʃ/, /dʒ/ の発音に注意しながら読みましょう。

	/tʃ/		/dʒ/	
語頭	choose	/tʃuːz/	gym	/dʒɪm/
	child	/tʃaɪld/	giant	/dʒáɪənt/
	cherry	/tʃéri/	jump	/dʒʌmp/
	Cheese	/tʃiːz/	June	/dʒuːn/
語中	picture	/píktʃər/	subject	/sʌ́bdʒekt/
	culture	/kʌ́ltʃər/	imagine	/ɪmǽdʒɪn/
	kitchen	/kɪtʃ(ə)n/	magic	/mǽdʒɪk/
	actually	/ǽktʃu(ə)li/	energy	/énərdʒi/
語末	much	/mʌtʃ/	large	/lɑːrdʒ/
	catch	/kætʃ/	village	/vílɪdʒ/
	watch	/wɑtʃ/	message	/mésɪdʒ/
	speech	/spiːtʃ/	bridge	/brɪdʒ/

② 文で練習してみましょう。

- I see Charlie eating chicken chowder in the kitchen.
- George teaches Chinese and French to children.
- Joseph jumped for joy.
- Let's change the subject.

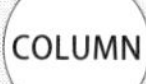

/ts, dz/ は破擦音か、2つの子音か？

cat, cardの複数形 /kæts/ や /kɑːrdz/ は、語末が /ts, dz/ で終わっていますが、発音は、/kæt/＋/s/ や /kɑːrd/＋/z/ ではありません。したがって、本書では /ts, dz/ を破擦音として取り扱いました。音韻論的→p.26には、破擦音とすることに対して異論もあることは承知していますが、調音という観点からは必要な子音と解釈しています。

6-4　鼻音①　/m, n/

このグループの子音は、息を鼻に抜きながら調音します。他の子音が、口から息を出すのと大きく異なります。

/m/

しっかりと唇を閉じて、息が鼻から抜けることを確認しましょう。日本語で「えんま」と言うときの「ん」の部分と同じ口の構えです。

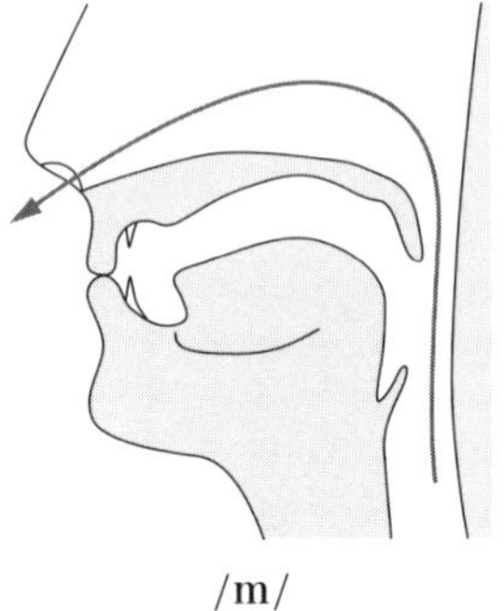

/m/

/n/

上の歯の後ろにある歯茎→p.11のでっぱりに舌先がついていることを確認しましょう。日本語で「えんのした」と言うときの「ん」の部分と同じ口の構えです。

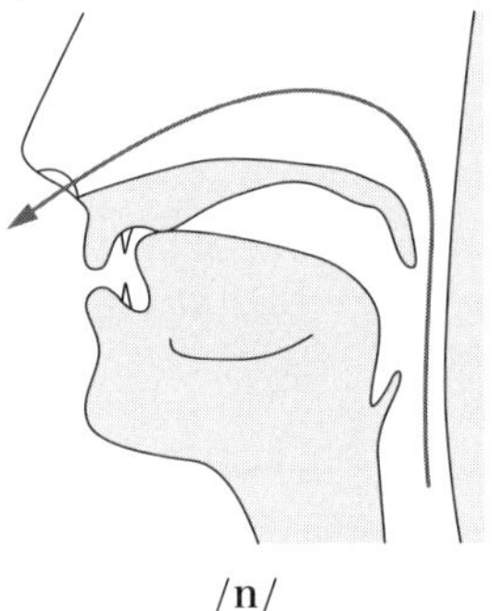

/n/

指導上の注意

鼻音は、吐く息が鼻腔に入り調音されますが、その際に日本語話者の発音では響きが足りないことがあるため、英語の鼻音が有声音→p.81であることを強く意識させる必要があります。

/m/　両唇がしっかり閉じられていることに注意します。特に、語末では鼻から音が抜けていることを確認させましょう。

/n/　口を開いて発音しますが、息はすべて鼻から出ていることを確認させてください。また、語末では舌先がしっかり歯茎→p.11に押しつけられていることを確認させましょう。

練習用素材

52

① /**m**/, /**n**/ の発音に注意しながら読みましょう。

	/**m**/		/**n**/	
語 頭	make	/**meɪk**/	nice	/**naɪs**/
	mean	/**miːn**/	need	/**niːd**/
	more	/**mɔːr**/	next	/**nekst**/
	market	/**mɑːrkət**/	noisy	/**nɔ́ɪzi**/
語 中	summer	/**sʌ́mər**/	money	/**mʌ́ni**/
	famous	/**féɪməs**/	rainy	/**réɪni**/
	family	/**fǽm(ə)li**/	meaning	/**míːnɪŋ**/
	remember	/**rimémbər**/	connect	/**kənékt**/
語 末	drum	/**drʌm**/	plan	/**plæn**/
	time	/**taɪm**/	train	/**treɪn**/
	arm	/**ɑːrm**/	born	/**bɔːrn**/
	program	/**próʊgræm**/	season	/**síːz(ə)n**/

② 文で練習してみましょう。

- Don't make many mistakes in the exam.
- May I introduce Mary's mother?
- No news is good news.
- Nine nice men went to town in Memphis.

歯茎（alveolar ridge, teeth ridge）

「歯茎」は音声学では「しけい」と読みます。一般的なことばとしての「はぐき」ではありません。上歯の後ろにある、少し丸みを帯びた出っぱり部分のみを指します。

これに似た読み方として、「舌」を音声学や医学では「ぜつ」と読みます。「した」と発音すると、上下の「した」と聞き違えることがあります。ただし、児童・生徒への発音指導では「べろ」と呼ぶ方がわかりやすい表現と言えるでしょう。

6-4　鼻音② /ŋ/

口を開いて発音しますが、息はすべて鼻から出ていることを確認しましょう。日本語で「えんか」と言うときの「ん」の部分と同じ口の構えです。

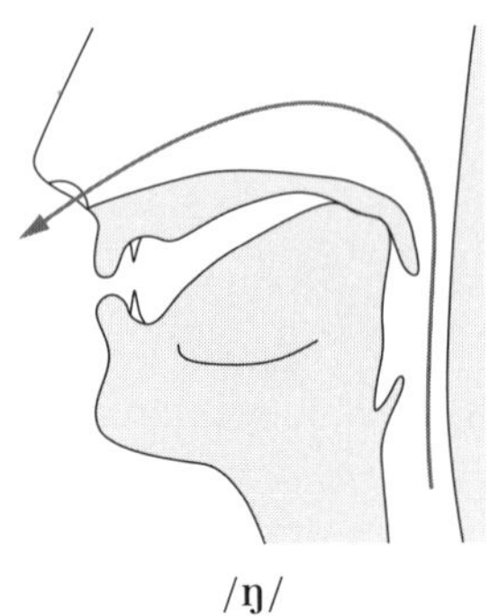

/ŋ/

指導上の注意

鼻をつまんでこの子音を含む語を発音すると、息がつまるように感じるはずです。そうでなければ、鼻腔から息が通る状態で調音できていないことになります。

1 綴り字が語末でngとなることが多いので、発音する際に /ŋ/ で終わらず、/g/ を付けてしまうことがあります。「息を鼻に抜くだけ！ グにならないように」という注意を与えてください。

2 その他の注意事項

- 語中で /k/ の前にあるnは /ŋ/：　drink　think　donkey
- 語中で本来 /ŋ, g/ であるものがある：　angry　finger　single　language
- -ngで終わる動詞に -ing, -erがついても /ŋ/：　singing　singer
- -ngで終わる形容詞に -er, -estがつくと /ŋg/：　younger　youngest

練習用素材 

① /ŋ/ の発音に注意しながら読みましょう。

	/ŋ/	
語 中	drink	/drɪŋk/
	singer	/síŋər/
	angry	/ǽŋgri/
	monkey	/mʌ́ŋki/
語 末	sing	/sɪŋ/
	long	/lɔːŋ/
	hang	/hæŋ/
	tongue	/tʌŋ/

② 文で練習してみましょう。

- She's singing a song at the banquet.
- The angry singer sang a song of spring.
- I'll bring something smelling nice.

COLUMN 日本語の「ん」

日本語の「ん」は、次に続く音によって、英語の3つの鼻音と同じ調音をしています。これを利用すると、特別な説明を加えなくても、英語の鼻音は発音できるようになります。

/m/：「ん」＋**/m, p, b/**
4枚(よんまい)、4分(よんぷん)、4倍(よんばい)

/n/：「ん」＋**/n, t, d/**
4男(よんなん)、4点(よんてん)、4台(よんだい)

/ŋ/：「ん」＋**/k, g/**
4号(よんごう)、4階(よんかい)、4学級(よんがっきゅう)

＊下線部は鼻濁音

6-5　側音　2種類の/l/

英語の /l/ には、音の連続の中で /l/ が現れる場所によって発音の仕方が異なる2種類の /l/ があります。聞こえ方の違いから、「明るい /l/」と「暗い /l/」(もしくはclear /l/ と dark /l/)という呼び方をします。

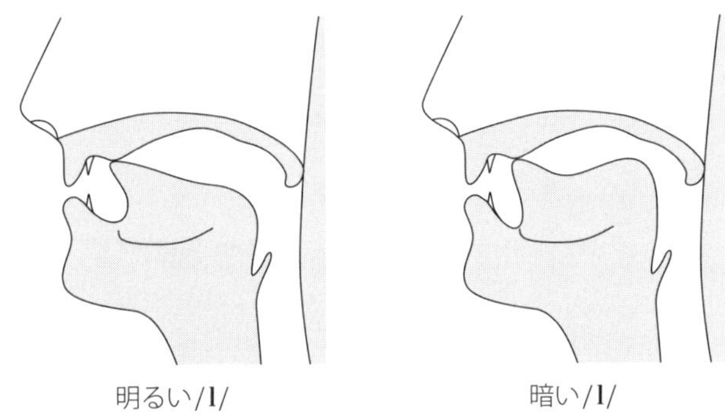

明るい/l/　　暗い/l/

指導上の注意

1 舌先にしっかりと力を入れて、舌の両側のすき間から、声を長めに出す感覚をつかませましょう。この構えで声を出してみると、日本語の「ラ」行の最初の音とは響きが違うのがわかります。最初は、/l/ が語頭にあるlunchやlipを用いて、/l/ を長めに言って、舌の位置を実感させましょう。

2 日本語の「ラ」行の音は、上の前歯の内側の歯茎→p.11 を舌先で軽く一瞬叩いてできる音ですが、英語の /l/ は、舌先を歯茎に押しあてたまま声を出す音で、ややこもった音に聞こえます。「暗い /l/」は、子音の前や語末に現れ、「明るい /l/」とは発音の仕方や聞こえ方が異なります。「明るい /l/」では、舌の前面かなりひろい部分を歯茎に押しつけますが、「暗い /l/」では、舌先が音の最後の辺りで歯茎に接触します。母音の「ウ」や「オ」に似た音に聞こえます。

＊日本語のラ行音の図は112ページを参照

練習用素材

① /l/ の発音に注意しながら読みましょう。

	明るい /l/	暗い /l/
語　頭	line　/laɪn/ left　/left/ lunch　/lʌn(t)ʃ/ listen　/lɪs(ə)n/	
語　中	yellow　/jéloʊ/ believe　/bɪlíːv/ collect　/kəlékt/ eleven　/ɪlév(ə)n/	help　/help/ cold　/koʊld/ welcome　/wélkəm/ children　/tʃɪldr(ə)n/
語　末		tell　/tel/ feel　/fiːl/ pencil　/pens(ə)l/ school　/skuːl/

② 文で練習してみましょう。

・Shall I leave now?

・I don't want to be late for class.

・I'll send a long love letter later.

・Linda's little purple turtle likes lemons and apples.

COLUMN 暗い /l/

暗いlになるのは、次の2通りです。

1) 語中で、母音 /l/ 子音

2) 語末の /l/

記号：/l/ に「～」が重なった /ɫ/ の記号でdark /l/ を表すことがあります。

6-6 接近音① /r/

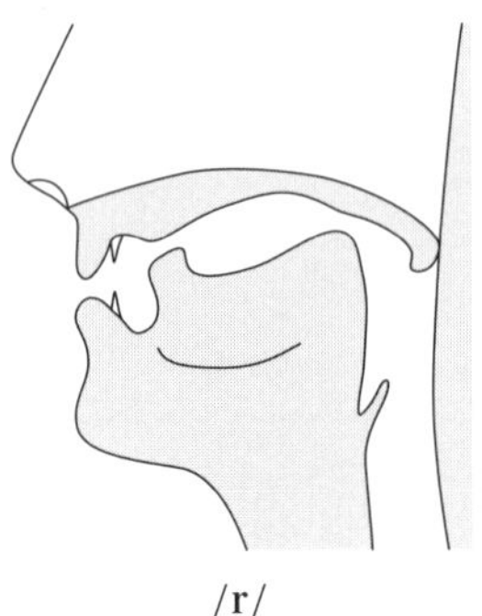

/r/ を発音するときは、舌の中央部に大きなあめ玉を乗せられたとイメージしてください。そのあめ玉を落とさないようにするには、中央にくぼみを作って、舌をお椀型にします。同時に唇を丸くつき出したような形にして、こもった音を出しましょう。舌先は口の中のどこにも触れていません。

/r/

指導上の注意

1 舌の先にしっかりと力を入れて口の奥に舌全体を引っ込めることと、唇を丸めてつき出すようにする感覚をつかませましょう。この構えで声を出してみると、日本語の「ラ」行の最初の音とは響きが違うのがわかります。

2 1の構えから、/r/ 特有のこもった音を少し長めに出してから、次の音を発音するように指導しましょう。

3 「舌先をつけない」という指示が過剰に伝わると、距離が離れすぎる学習者がいるので、舌先を上あごにつけておいてから、少し離すように指示すると、この問題は解消できます。また、舌の側面は奥歯に接触してもかまいません。

4 日本語の「ラ」行音は、上の前歯の内側の歯茎→p.11を舌先で軽く一瞬叩いてできる音（弾音）ですが、英語の /r/ は、舌全体を口の奥のほうに引っ込めて舌先は口内のどこにもつけずに声を出す音で、こもった音に聞こえます。日本語の「ラ、リ、ル、レ、ロ」のように、舌先で上の歯茎を叩いて音を出さないように注意させましょう。

練習用素材 55

① /r/ の発音に注意しながら読みましょう。

	/r/	
語頭	run	/rʌn/
	write	/raɪt/
	read	/riːd/
	round	/raʊnd/
語中	carry	/kǽri/
	already	/ɔːlrédi/
	difference	/dífrəns/
	history	/híst(ə)ri/

② /r/ と /l/ の対比に注意しながら読みましょう。

right – light　rate – late　red – led　read – lead
wrong – long　correct – collect　pray – play　crowd – cloud
grass – glass　arrive – alive

③ /r/ と /l/ が含まれる単語を練習してみましょう。

really　reply　laundry　brilliant　umbrella　relax　lyric

④ 文で練習してみましょう。

- It looks like rain.
- Harry arrived late to class.

「レは、レモンのレ」じゃない！

ミュージカルThe Sound of Musicで歌われる有名な「ドレミの歌」"Do Re Mi"で、ペギー葉山さんが作った日本語の歌詞は「レは、レモンのレ」ですが、英語の歌詞は "Ray, a drop of golden sun" になっています。
rayは /r/ ですが、lemonは /l/ です。このように、lとrを区別しない日本語では、l - rの区別が曖昧になってしまい、英語の発音にも悪影響が出ます。

言い古された笑い話に、日本人はWe eat lice.と発音するので、「シラミ」を食べるのか、と誤解される、というのがありました。しかし、よほど食糧危機でもない限り、このような誤解は生じません。文脈から判断すれば、riceであることは理解できます。個別音だけを問題にするのではなく、文脈から判断することは可能なので、拘りすぎないようにしたいものです。

6-6　接近音 ②　/j/

/j/ を発音するときは、日本語の「ヤ・ユ・ヨ」の出だしに近い音ですが、発音するとき日本語より強い息を押し出すようにします。舌全体をもち上げ、舌と上あごの間に少しだけできたすき間から息を押し出します。英語では、この音が語末にくることはありません。

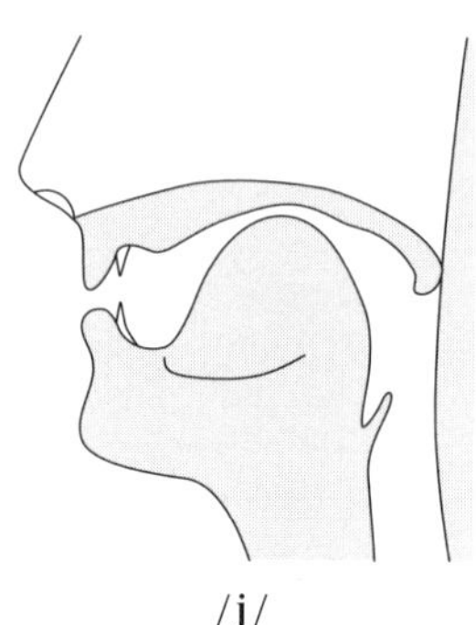

/j/

指導上の注意

1 英語らしい発音にするために、以下の練習を試してみましょう。舌の中央部を母音のイから徐々に上げていくと、母音から次第に音が変化します。摩擦が出る手前まで上昇させてみましょう。そこでストップ。この摩擦が生じる少し手前で止めた位置が、/j/ の位置ということになります。

2 yes, year, yellowを、日本語の「イエス」、「イヤー」、「イエロー」と発音していないか確認してください。/j/ から次の母音へ音が変化することを確認しましょう。earとyearは、earが母音から始まる（＝音は変化しない）のに対して、yearは /j/ から /ɪər/ へ音が変化します。

3 日本語のヤ行音で代用しても、最低限度のコミュニケーションは可能です。日本語には「ヤ・ユ・ヨ」が存在しますが、/jɪ, je/ がないのでこれらの組み合わせを含む語の発音は難しく感じます。

練習用素材 56

① /j/ の発音に注意しながら読みましょう。

	/j/
語 頭	young /jʌŋ/ yes /jes/ yacht /jɑt/ use /juːz/
語 中	few /fjuː/ knew /njuː/ million /míljən/ human /hjúːmən/

② 語頭に /j/ があるのとないのとでは、唇の形、力の入れ具合い、音の響きが異なることを意識して、以下の単語を発音しましょう。

ear /ɪər/ – year /jɪər/

east /iːst/ – yeast /jiːst/

S /es/ – yes /jes/

③ 文で練習してみましょう。

・Did you see your yellow yacht?

・Yes, I've lived in Europe for a year.

・The young lady made a yummy yogurt yesterday.

/r/, /j/, /w/ の名称

/j/ は、/w, r/ と同様に「わたり子音」(gliding consonant)、「半母音」(semivowel)、「接近音」(approximant)など、様々な名称が使われている音です。

「わたり子音」とは、この子音から次の母音への変化(＝わたり)を意味し、「半母音」とは、これらの子音の音色が母音に近いことからつけられた名称です。つまり、/j/ は /iː/ に、/w/ は /uː/ に、/r/ は /əːr/ に似た音色をもっています。

また「接近音」という名称は、2つの調音器官を接近させて調音するということを表していますが、摩擦音→ 6-2 になるほどには接近せず、やや広めに距離をとります。

6-6 接近音③ /w/

/**w**/ を発音するときは、口笛を吹くときのように唇に力を入れて丸く突き出し、そこから元に戻すときに同時に「ウ」と声を出してみましょう。「ウ」というよりは、日本語の「ワ」を言い始めるときの口の形に似ています。唇に力を入れて突き出し、力を抜くときに「ワ」「ワ」「ワ」と音を出しましょう。

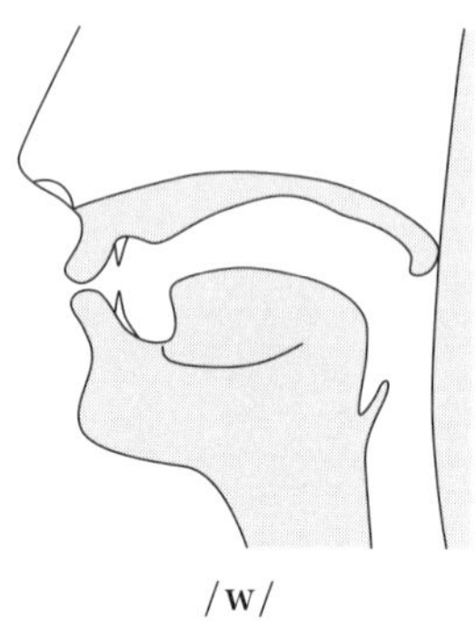

/**w**/

指導上の注意

1 唇にしっかりと力を入れて丸く突き出す感覚をつかませましょう。この構えで声を出してみると、日本語の「ウ」の音とは響きが違うのがわかります。

2 日本語の「ワ」を言いはじめるときの口の形に似ていますが、口笛を吹くときの要領で「ワ」よりももっと唇を強く丸めたところから、元に戻す際に声を出します。日本語には、/**wa**/「ワ」(w＋a)の組み合わせしかないので、/**w**/ の次に /**a**/ 以外の音が続いたときに、「ウィ」や「ウェ」のように発音してしまいがちです。まず、唇に力を入れて丸く突き出し、声を出すと同時にすぐ次の音(母音)に移ります。とくに、/**w**/ の後ろに /**u**/ や /**uː**/ が続く場合は、唇をしっかりと突き出すことを心がけましょう。

3 唇を丸くつき出す構えから、/**w**/ 特有のこもった音を少し長めに出してから、次の音(母音)を発音するように指導しましょう。

練習用素材 57

① /**w**/ の発音に注意しながら読みましょう。

	/w/	
語頭	one way walk will	/wʌn/ /weɪ/ /wɔːk/ /wɪl/
語中	away between someone forward	/əwéɪ/ /bɪtwíːn/ /sʌ́mwʌ̀n/ /fɔ́ːrwərd/

② 語頭や語中に /**w**/ があるのとないのとでは、唇の形、力の入れ具合い、音の響きが全く異なることを意識して、以下の単語を発音しましょう。

air /eər/ – wear /weər/
eight /eɪt/ – wait /weɪt/
all /ɔːl/ – wall /wɔːl/
soup /suːp/ – swoop /swuːp/
scare /skeər/ – square /skweər/

③ /**w**/ の後に /**u**/ が続く語にはとくに注意しましょう。

wood wolf wool would woman

COLUMN わたり子音を語末にもつ英単語はない

/**r**/, /**j**/, /**w**/ の「練習素材」に掲載された単語リストでは、それぞれ語頭と語中の語例はありますが「語末」の語例がありません。英単語には、わたり子音を語末にもつものが存在しないからです。

このことからも /**r**/, /**j**/, /**w**/ が「わたり子音」と呼ばれる理由が実感できるはずです。わたり子音とは、次の母音へ変化するときの音であるため、次に母音がなければ音として成り立たないのです。

"car" や "window" は単語の綴りの上では "r", "w" が語末にありますが、発音の上では、/**kɑːr**/, /**wíndoʊ**/ となり、"ar" は /**ɑːr**/ という r 音性母音、"ow" は /**oʊ**/ という二重母音→5-4 であって、わたり子音とは異なります。

6-7 子音群

子音群（consonant cluser）とは、2つ以上の子音が連なっている音のグループのことです。英語では母音の前に最大3つ、母音の後ろに最大4つの子音が連なることがあります。子音群にはたくさんの種類がありますが、ここでは主なものだけを取り上げます。

①2つの子音が連なる場合

1）s＋子音

/**sp**/ speak	/**st**/ stand first	/**sk**/ skate ask	/**sl**/ slow castle
/**sm**/ small	/**sn**/ snow	/**sw**/ swim	

2）子音＋l

/**pl**/ play apple	/**bl**/ blue Bible	/**kl**/ class cycle	/**gl**/ glass single
/**fl**/ fly rifle	/**sl**/ sleep pencil	/**-tl**/ little	/**-dl**/ candle

（tlとdlは語末のみ）

3）子音＋r

/**pr**/ print	/**tr**/ try	/**kr**/ cry	/**br**/ bring
/**dr**/ dream	/**gr**/ group	/**θr**/ three	/**fr**/ free

②3つの子音が連なる場合

語頭で3つの子音が続く場合は、以下の通りです。

/**spl**/ split	/**spr**/ spring	/**str**/ strong	/**skr**/ screen

指導上の注意

1 日本語では子音の次には基本的に母音があるので、try /**traɪ**/ がトライ /**torai**/ とtとrの間に母音を入れてしまう傾向があります。子音群の発音練習で注意するのは、この母音挿入という現象を避けることです。

2 母音挿入を防ぐには、子音群だけを取り出して、例えば /**st, st, st, stæn, stæn, stænd**/ のように少しずつ音を追加し、母音が入らないように気をつけて練習させましょう。

3 日本語でカナ表記されている語は、特に注意して発音練習をしておけば、「通じない」というコミュニケーション上の問題はなくなります。

練習用素材

指導上の注意で説明した方法で、発音練習をしましょう。

/**sp**-/	speak Spain sport spoon	/**st**-/	stand stay start steam
/**sk**-/	skate sky ski score	/**sl**-/	slow sleep slender slope
/**sm**-/	small smell smooth	/**sn**-/	snow sneaker snack Snoopy
/**pl**-/	play plan place please	/**bl**-/	blue blonde blend black
/**kl**-/	class claim clash classic	/**gl**-/	glass glad global glance
/**fl**-/	fly flag flash flat	/**sl**-/	sleep slave slow slice
/-**tl**/	little bottle cattle	/-**dl**/	candle handle cradle

外来語の発音

英語には、日本語にはない音の組み合わせがあります。カタカナ語として使っている単語は、発音が違っていて通じないことがあるので、注意しましょう。

scene	/**si:**/	シーン	music	/**zi**/	ミュージック
team	/**ti:**/	チーム	tour	/**tʊər**/	ツアー
stew	/**tju:**/	シチュー	credit	/**də**/	クレジット
deuce	/**dju:**/	ジュース			

子音（補足）

日本語のラ行音

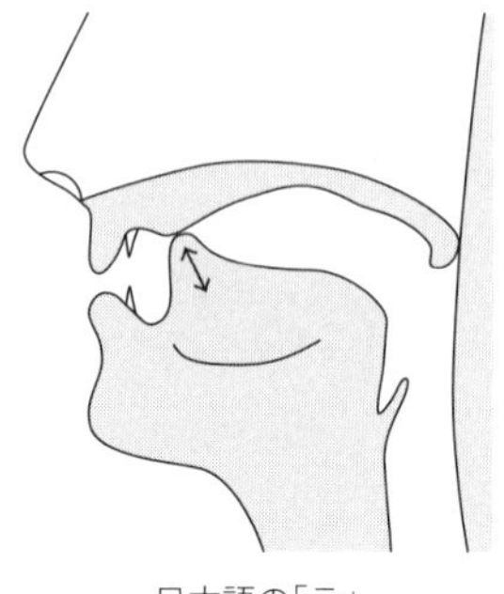
日本語の「ラ」

日本語のラ行音は、舌先が歯茎をたたくように動く音です。英語の /**l**/ に近い調音点ですが、英語のように強く歯茎に押し当てることはなく、軽く弾くので、弾音（flap）とも呼ばれます。もちろん、英語の /**r**/ とは、舌先の接触の有無で大きな違いがあります。

指導法の工夫

英語の子音の指導では、優先順位をつけることをお勧めします。

1）日本語には無い音：**f v θ ð r l** など

2）綴り字にない記号、異なる音価をもつ記号（上記と一部重複あり）：
ŋ θ ð ʃ ʒ tʃ dʒ j（綴り字は j /**dʒeɪ**/ に対して、発音記号では /**j**/）

次に、授業ではその日に注意すべき音を決めておき、その音を含む単語や文を発音する際に注意を集中させ、その他の音については、あまり厳しく注意をしないという方法があります。また、クラス全員の発音をチェックするには時間がかかりすぎるので、任意のある列の生徒のみを指名して矯正するという方法があります。他の生徒も、自分と同じような誤りをしていることに気づかせることにつながり効果的です。

巻末付録

1 日本人学習者にありがちな発音

2 お勧めアプリの紹介

3 誤り発音について

付録1　日本人学習者にありがちな発音

教室で発音指導をする際に、教師がどれだけ適切に説明をしても、学習者が発音すると、様々な問題発音が生じます。ここでは、日本語話者にありがちな英語発音の問題点をまとめました。矯正指導のヒントに活用してください。

1）強勢　→2-1 2-2

- 日本語話者は、強勢のある音節を単にピッチ→p.36を高く発音する傾向がある。高いピッチだけでなく、母音を長く、強くすることも同時に行う必要がある。
- たとえ短い母音であっても、強勢があれば長く・高く・強く発音する必要がある。

例 hit, cat, put, ínterestìng, effect

2）リズム　→2-3

① 日本語の音節拍リズム→p.32で英語を発音すると、音節の数だけ拍を必要とするが、英語の強勢拍リズム→p.32で発音することが求められる。I play the violin. ではplayとviolinの第2音節に強勢が置かれ、I play the / violinの2拍で発音されるが、日本語のリズムでは11拍(ア・イ・プ・レ・イ・ザ・ヴァ・イ・オ・リ・ン)になる。

② 母音挿入→p.32：英語では音節構造上、子音結合があるが、日本語は原則母音で終わるCV構造であることから、子音の後に必ず母音を挿入する傾向があり、音節数が増えてしまう。

例 strike /straɪk/ 1音節 vs. ストライク /su・to・ra・i・ku/ 5音節

3）イントネーション　→3-1～3-5

ピッチ→p.36のアップダウンが、日本語では1つ1つの語で何度もくり返される。

① 英語の音調は、ピッチ変化が大きなうねりのように変動するが、日本語では方言によって、語の中でもピッチが変動する。その影響で、文の中で不要なピッチの変動をくり返してしまう。

② 文末が下降調→3-1になる場合でも、十分に下降しないで、中途半端な下がり方をする傾向がある。「未完了、態度保留」という意思表示に聞こえるので注意が必要。

③ 一式アクセント（無アクセント）の場合は、ほとんどピッチの上下動が見られず、文末でわずかに上昇するのみなので、矯正が必要となる。このアクセント型は、広く全国に分布しているので、方言辞典で確認する必要がある。

④ 日本語話者は、日常的に日本語を使用するときも、音域が狭いので、英語のイントネーションを実現するためには、上下に広げる必要がある。特に、高いピッチを積極的に使う努力が必要になる。

4）音声変化

英語は単語ごとに区切って書かれているが、発音では単語ごとに区切ることはない。日本語話者に在りがちな発音としては、単語を1つ1つ区切って発音したり音読するという読み間違いがある。どのような場合に音声変化が生じるのか、本書の説明を読み、発音練習をしてみよう。

5）母音

① アに相当する3つの母音 /**æ, ɑ(ː), ʌ**/→p.62, 66, 70 の区別ができない

- hat, hot, hutがアまたはオになってしまう。舌の高さや口の開きの違いに注意する。

② 曖昧母音（schwa /**ə**/ ）→p.70 の調音

- 曖昧な音が日本語にはないので、明確な母音で発音してしまう
  about（vs. ア）, agent（vs. エ）, today（vs. ウ）等の下線部は /**ə**/ であるが、調音点は微妙に異なり、曖昧な音になる。

③ 円唇母音

- 日本語には円唇母音がないため、唇の丸めには注意を要する。
  英語の円唇母音 /**ɔ, ʊ, uː, u**/ および二重母音 /**oʊ**/→5-4 は、母音によって円唇の大きさは異なる。

④ 綴り字発音

- 綴り字waをローマ字読みして「ワ」と発音する傾向がある。逆に、woを「ウォ」と発音する。

誤りの例 award（アワード），war（ワー），work（ウォーク）
/əwɔ́ːrd/ /wɔːr/ /wəːrk/

しかも、日本語の標準アクセントでは、アワードのアを高くして（＝頭高で）読むので、本来の英単語とはかけ離れた発音をしてしまう。

- その他の綴り字発音例
  acoustic /**əkúːstɪk**/ を、「アコースティック」と発音する。
  brow /**braʊ**/ を、「ブロー」と発音する。

6）子音

以下のように、日本語にない子音の発音は注意が必要である。

① 摩擦音 /**f, v**/ → p.86

- 日本語の「フ・ブ」のように両唇で調音している（➡上歯を使わせる）。
- 上歯と下唇の接触は正しいが、直ぐに離してしまうので摩擦が生じない（➡接触箇所を持続させる）。
- 息が弱いので、十分な摩擦を作ることができない（➡息を強く出させる）。

② 摩擦音 /**s-θ, z-ð**/ → p.88, 90

- 舌先が上歯か歯茎→p.11の裏に接近する /**θ, ð**/ と、歯茎に接近する /**s, z**/ と区別できない（➡/**θ, ð**/ で舌の位置を上下の歯の間に）

③ 側音 /**l**/→p.102、接近音 /**r**/→p.104

- 日本語のラ行音を用いると、英語子音 /**l, r**/ のいずれでもなくなる。
- /**r**/ は舌先が上あごに接触しないが、逆に離れすぎても別の音になる。
- /**l**/ は、clear /**l**/ と dark /**l**/ で区別が必要＝舌先の接触箇所は同じだが、舌の接触面が異なる。

④ 綴り字と発音記号のギャップ

- 綴り字jと発音記号 /**j**/（綴り字は概ねyでヤ行音）は異なる音なのに、同じ記号なので誤解してしまう。

例 /**dʒ**/ jeep, jeans, jet, just vs. /**j**/ yes, yellow, young

7）特定の子音と母音の組み合わせ

① /jɪ/ → p.106

日本語にはヤ行音はあるが /jɪ/ がないので、yearなどは母音で発音してしまう。

② /wʊ/ → p.108

日本語にはワ行音はあるが、/wʊ/ がないので、wouldなどは母音で発音してしまう。

③ /sɪ/ → p.90, 91

サ行音は「シ」のみ /ʃi/ と調音するので、six /sɪks/ などの /sɪ/ の調音が難しい。逆に英語の /ʃɪ/ や /ʃiː/ を、すべて /sɪ/ や /siː/ に置き換えてしまうことがある。

例 scholarship, friendship, machine, Washington

COLUMN **英語の地域差**

国際語としての英語(EIL)という用語を用いてきましたが、英語の歴史をたどると、イギリス英語(その影響を受け変化したカナダ英語、オーストラリア英語、ニュージーランド英語、南アフリカ英語)とアメリカ英語では、発音面では大きな違いがあります。さらに、英語を第二言語または公用語として使用している国、例えばインド、フィリピン、シンガポール、アフリカ諸国なども、母語の影響を受けて、発音では様々な違いが生じています。世界の英語を試してみたい方は、Englishes of the Worldという大学用教材(三修社刊『世界の英語を体験する』)や以下のサイトを利用してみてください。

speech accent archive　http://accent.gmu.edu/ine3ex.php
IDEA (international dialects of English archive)　https://www.dialectsarchive.com
Sounds of Englishes Ver3.0　https://noriko-nakanishi.com/sounds/

日本では明治から戦後まではイギリス英語、戦後はアメリカ英語が教科書で用いられ、現在の音声教材は大半がアメリカ英語の発音で録音されています。しかし、日本語話者が目指す英語発音は、決してアメリカ英語とは限りません。また、TOEIC®のリスニングセクションでも様々な英語圏の発音が使用されるようになっており、アメリカ英語一辺倒ではなくなっています。

発音に関して言えば、日本人学習者に向いている「モデル」は、標準的なアメリカ英語よりも、rの響きが少ないアメリカ北東部(ニューイングランド)の発音であると思われます。

付録2　お勧めアプリの紹介

無料アプリで発音チェック

スマートフォンのアプリを利用して、自分の発音をチェックすることができます。ここでは、手軽に利用できるアプリを紹介します。

- イングリッシュセントラル：動画（無料版は機能制限あり）（iPhone / android）
- ELSA Speak：AIが発音を分析してスコア化（1週間のフリートライアル、その後も制限はあるが使用可能）（iPhone / android）
- スピーキング＆リスニング 英語発音ドリルA to Z：子供向け（iPhone / android）
- 発音博士：発音を視覚化して採点（一部無料）（iPhone）
- 発音チェック：音声認識機能で、発音した内容を文字列で表示（android）

発音記号アプリ紹介

発音記号変換アプリ：音声が聞ける・発音記号を身近に

下記のウェブツールを使うと、単語ごとに辞書を参照しなくても、手軽に発音記号を表示・利用することができます。

- 英語のIPA発音記号変換　https://tophonetics.com/ja/

  英語の文章を入力すると国際発音記号（IPA）に変換します。アメリカ英語とイギリス英語を選び、音声を聞くこともできます。軽い発音の場合と強調された発音を表示する選択も可能です。

- 音素カウンター ver.5.1　http://noriko-nakanishi.com/phoneme/

  入力された英文を発音記号（三省堂Dualウィズダム英和辞典第3版WEB版）で表示します。入力された英文中の音素数および、各音素の英文中の位置を表示できます。各音素を含む別の語の発音動画にジャンプしますので、当該音素の口の動きを確認することができます。

＊2020年11月末現在

付録3 矯正が必要な発音について

日本語母語話者が英語発音をする際に、間違いが生じる可能性のある音を取り上げて説明し、矯正指導について簡単に述べておきます。矯正が必要な発音の音声と比較して、聴いてください。

1）強勢

本編でも説明している通り、「強勢」を表現するには、語の母音部分を「長く、高く、大きく」発音することです。「高く」は日本語のアクセントで慣れていますが、「長く」ができません。特に短い母音は、「長く」伸ばすことを意識させます。

60 ◎例1 bed /**bed**/

①英語らしい発音（母音 /**e**/ を長く、高く、大きく発音）

②母音 /**e**/ が短い場合

③母音 /**e**/ を少し長めに発音した場合

2）イントネーション

ピッチの上下動の連なりがイントネーションですが、平叙文の文末で下がりきらないこと、感嘆文で特別に高いピッチから急降下する動きは、うまくできないことがあります。日常使用している日本語の声の高低幅を、すこしずつ広く出す（＝特に高いピッチを広げる）ようにして、変化を意識させましょう。

61 ◎例2 Yes.

5つのパタン：①下降調、②高い上昇調、③低い上昇調、④下降＋低い上昇調、⑤上昇＋下降調 → p.41

62 ◎例3 I went to the park yesterday.

平叙文文末の下降（十分な下降と不十分な下降）

63 ◎例4 How wonderful!

（高いピッチからの急激な下降と通常の下降）

3）音声変化

- 連結では、an appleをa nappleのように、of youをo viewのような音のつながりを意識させて発音させます。

64 ◎例5　an apple, of you
連結した場合と連結しない場合の比較

- 脱落では、消えた音のあった時間を省いてしまうと、good job がgoojobのように不自然な発音になります。

65 ◎例6　good job
脱落した音のあった時間を残した場合と省いた場合の比較

4）母音

- /æ, ɑ, ʌ/　日本語のアに該当する英語の3つの母音を区別することが、アメリカ英語では必要です。

66 ◎例7　hat – hot – hut
英語らしい発音とカタカナ発音の比較

- 日本語には円唇母音がないので、円唇の /ɔː, ʊ, uː/ に注意しましょう。

67 ◎例8　ball, foot, pool
英語らしい発音と円唇を使わない発音の比較

5）子音

- 摩擦音　息が弱い場合、狭めを直ぐに開放してしまう場合、摩擦が生じません。

68 ◎例9　feet
英語らしい発音と、弱い息の場合、狭めを直ぐに開放した場合の比較

- 接近音 /r/ と側音 /l/　日本語のラ行音との区別が重要です。

69 ◎例10　right　light
英語らしい発音とカタカナ発音の比較

70 ◎**例11** right

英語らしい発音と、舌が硬口蓋から離れすぎた場合、dark /**l**/で発音した場合の比較

71 ◎**例12** light

英語らしい発音とカタカナ発音の比較

- 子音群や語末の母音挿入　日本語は母音で終わる音節が多いことから、余計な母音を追加してしまう傾向があります。

72 ◎**例13** strike

英語らしい発音とカタカナ発音（母音挿入）の比較

参考文献・お勧め文献

参考文献

- 有本 純（1993）「語発音矯正のタクティクス —子音の場合—」園田学園女子大学論文集 第27号, 75-90
- 有本 純（1994）「英語発音矯正のタクティクス —母音の場合—」園田学園女子大学論文集 第29号, 95-111
- 有本 純（1996）「英語の発音教育とコンピュータの活用」LLA関西支部研究集録 6, 45-53
- 有本 純（1996）「英語発音矯正のタクティクス —リズム・強勢—」園田学園女子大学論文集 第31号, 1-17
- 有本 純（1999）「英語教育における音声記号の扱いと問題点」ことばとコミュニケーション 第3号, 7-18
- 有本 純（2002）「英語の発音指導における教材の在り方」関西国際大学紀要 第3号, 1-13
- 有本 純（2007）「発音の学習と指導」河野守夫（編）『ことばと認知のしくみ』、第5章 5.2 東京、三省堂
- 有本 純、山本勝巳、山本誠子、河内山真理、牧野眞貴（2008）「日本人の英語イントネーションとその容認度：EILの観点に基づく指導への提言」関西国際大学コミュニケション研究所叢書 第6号, 1-12
- 有本 純、河内山真理、山本誠子、山本勝巳、牧野眞貴（2010）「発音矯正指導の効果」関西国際大学コミュニケーション研究叢書 第8号, 1-13
- 有本 純、中西のりこ、河内山真理、山本誠子（2012）「中高教職課程における英語発音指導の扱い —近畿地方のシラバス調査—」関西国際大学コミュニケーション研究叢書 第10号, 13-23
- 有本 純（2014）「英語発音の教授法・指導方法とその評価 全国英語教育学会（編）『英語教育学の今 —理論と実践の統合—』第3章, 2 全国英語教育学会
- 有本 純、河内山真理（2014）「現職教員の発音力強化に必要な要素の分析および教員研修用の発音指導プログラム」関西国際大学コミュニケーション研究叢書 第12号, 23-38
- 有本 純（2017）「英語のイントネーション：メカニズムとその指導法」今尾康裕 他編著『英語教育徹底リフレッシュ：グローバル化と21世紀型の教育』, 110-123 東京、開拓社
- Dewing, T. M., Munro, M. J.（2015）*Pronunciation Fundamentals.* John Benjamins Publishing Company.
- Gilbert, J.（2012）*Clear Speech from the Start Student's Book: Basic Pronunciation and Listening Comprehension in North American English. 2nd.* Cambridge, Cambridge University Press
- Gilbert, J.（2012）*Clear Speech Student's Book : Basic Pronunciation and Listening Comprehension in North American English. 4th.* Cambridge, Cambridge University Press

- Hancock, M. (2017) *English Pronunciation in Use Intermediate Book with Answers and Downloadable Audio.* Cambridge, Cambridge University Press.
- Hewings, M. (2017) *English Pronunciation in Use Advanced Book with Answers and Downloadable Audio.* Cambridge, Cambridge University Press.
- 今井由美子、井上球美子、大塚朝美、高谷 華、上田洋子、米田信子 (2010)『英語音声学への扉』東京、英宝社
- 今井由美子、米田信子、平岩葉子、Evans, P. (2012)『英語リダクションをリスニング中心に』東京、英宝社
- 川越いつえ (2007)『新装版 英語の音声を科学する』東京、大修館書店
- 神山孝夫 (2008)『脱・日本語なまり』大阪、大阪大学出版会
- 河内山真理、山本勝巳、山本誠子、有本 純 (2004)「国際化に対応した英語発音教育について 関西国際大学コミュニケション研究所叢書 第3号, 1-12
- 河内山真理、山本勝巳、山本誠子、牧野眞貴、有本 純 (2007)「日本語話者の英語発音：容認性に関する実証研究」関西国際大学コミュニケション研究所叢書 第5号, 21-32
- 河内山真理、山本誠子、山本勝巳、有本 純、牧野眞貴 (2008)「日本人の英語発音：イントネーションの容認性」関西国際大学コミュニケション研究所叢書 第6号, 13-23
- 河内山真理、山本誠子、中西のりこ、有本 純、山本勝巳 (2011)「小中学校教員の発音指導に対する意識 —アンケート調査による考察—」LET関西支部研究集録 13, 57-78
- 河内山真理、有本 純、中西のりこ (2013)「教職課程における英語発音指導の位置付け」*Language Education & Technology* Vol.50, 119-130
- 河内山真理、有本 純 (2015)「教職課程履修者における発音能力と態度に関する調査研究」関西国際大学コミュニケーション研究叢書 第13号, 27-33
- 河内山真理、有本 純 (2015)「現職教員の発音力強化に必要な要素の分析および教職課程履修者における発音記号の理解度」関西国際大学コミュニケーション研究叢書 第13号, 34-41
- 河内山真理、有本 純 (2016)「教員研修における発音指導に対する教員の意識」関西国際大学教育総合研究所叢書 第9号, 155-163
- 河内山真理、有本 純 (2017)「中学校検定教科書関連書籍における音声表記の問題点」関西国際大学教育総合研究所叢書 第10号, 131-140
- 国際音声学会(編) (2003)『国際音声記号ガイドブック』東京、大修館書店
- Marks, J. (2017) *English Pronunciation in Use Elementary Book with Answers and Downloadable Audio.* Cambridge University Press.
- 牧野武彦 (2005)『日本人のための英語音声学レッスン』東京、大修館書店

- 松井千枝（2014）『英語音声学 日本語との比較による』東京、朝日出版社
- 大高博美（1998）『英語音声教育のための基礎理論』東京、成美堂
- 小野昭一（1986）『英語音声学概論』東京、リーベル出版
- Roach, P. 島岡丘・三浦弘（訳）（1996）『英語音声学・音韻論』東京、大修館書店
- Roach, P.（1991）*English Phonetics and Phonology: A Practical Course.* Cambridge, Cambridges University Press
- 里井久輝（2019）『[世界の英語」リスニング』東京、アルク
- 竹林 滋（1996）『英語音声学』東京、研究社
- 竹林 滋、斉藤弘子（2008）『改訂新版 英語音声学入門』東京、大修館書店
- 竹林 滋、斉藤弘子、清水あつ子（2013）『改訂新版 初級英語音声学』東京、大修館書店
- 渡辺和幸（1994）『英語のリズム・イントネーションの指導』東京、大修館書店
- 渡辺和幸（1999）『コミュニケーションのための英語音声学』東京、弓書房
- Wells, J. C. 長瀬慶來（訳）（2009）『英語のイントネーション』東京、研究社
- Wells, J. C.（2006）*English Intonation: An Introduction.* Cambridge, Cambridges University Press
- 山本誠子、山本勝巳、河内山真理、牧野眞貴（2006）「日本人の英語発音の容認性：EILの観点による実証研究」関西国際大学コミュニケーション研究所叢書 第4号, 1-10
- 山本誠子、有本 純、河内山真理、山本勝巳（2009）「発音指導における説明の在り方」関西国際大学コミュニケション研究所叢書 第7号, 1-12
- Yonesaka, S. m., Tanaka, H.（2014）*Discovering English Sounds.* Cengage Learning.

お勧め文献

- 明場由美子（2016）『ネイティブ発音が3D映像でわかる！ 英語の発音トレーニングBOOK』東京、東西社
- 小川直樹（2010）『小学校教師のための英語発音これだけ！』東京、アルク
- 中西のりこ（2017）『音素カウンター（PCソフト）』神戸学院大学
- 中西のりこ・中川右也（2012）『ジャズで学ぶ英語の発音』東京、コスモピア

著者紹介

有本 純（ありもと じゅん）

関西国際大学国際コミュニケーション学部教授
神戸市外国語大学大学院修了、文学修士（英語学）。リーズ大学大学院に在外研究員として留学（音声科学）。専門は英語音声学、英語教育。
著書に『ジーニアス英和大辞典』（2000年、大修館書店、発音校閲）、『ことばと認知のしくみ』（2007年、三省堂、分担執筆）、『英語教育学の今：理論と実践の統合』（2014年、全国英語教育学会、分担執筆）、『英語教育徹底リフレッシュ：グローバル化と21世紀型の教育』（2017年、開拓社、分担執筆）。論文は本書参考文献を参照されたい。

河内山 真理（こうちやま まり）

関西国際大学国際コミュニケーション学部教授
神戸市外国語大学大学院修士課程修了、兵庫県公立学校教員を経て現職。修士（英語学）。専門は英語教育、音声指導。
著書に『英語のリスニング・ストラテジー』（2000年、金星堂、共著）、『Power-Up English <Basic>［総合英語パワーアップ　リスニングからリーディング］』（2011年、南雲堂、共著）、訳『子どもの認知と言語は同発達するか - 早期英語教育のための発達心理学』（2010年、松柏社、共著）など。

佐伯 林規江（さえき なみえ）

同志社女子大学学芸学部国際教養学科教授
南イリノイ大学大学院修了、ハーバード大学大学院修了。MA（Linguistics）、MEd（Education）。専門は英語音声学、英語教育、異文化コミュニケーション。著書に『Bridge to Open Seas』（2020年、文英堂、共著）、『English Sounds & Penmanship』（2016年、文英堂、共著）、『Birdland English Course (textbook & teacher's manual)』（2016年、文英堂、共著）、『オーラル・コミュニケーションの新しい地平』（2013年、文教大学出版、共著）、『オーラル・コミュニケーションの理論と実践』（2002年、三修社、共著）など。

中西 のりこ（なかにし のりこ）

神戸学院大学グローバル・コミュニケーション学部教授
専門は英語コミュニケーション、英語音声学。
著書に『TOEIC® L&R Testのための基礎演習』（2020年、三修社、共著）、『ウィズダム英和辞典 第4版』（2019年、三省堂、執筆・校閲（発音））、『グローバル・コミュニケーション学入門』（2018年、三省堂、共著）、『ホスピタリティ・コミュニケーション』（2018年、三修社、共著）、『応用言語学の最前線』（2017年、金星堂、共編著）、『女性リーダーの英語』（2016年、コスモピア、共著）、『イギリス英語とアメリカ英語』（2015年、コスモピア）、『英語シャドーイング練習帳』（2012年、コスモピア、共著）など。

山本 誠子（やまもと ともこ）

神戸学院大学経営学部准教授
神戸市外国語大学大学院修士課程修了、文学修士（英語学）。専門は音声学、英語発音教育。
著書に『応用言語学事典』（2003年、研究社、項目執筆）。

英語発音の指導

—基礎知識からわかりやすい指導法・使いやすい矯正方法まで—

2021年1月30日　第1刷発行

著　　者　有本 純・河内山真理・佐伯林規江・中西のりこ・山本誠子

発 行 者　前田俊秀

発 行 所　株式会社 三修社
〒150-0001 東京都渋谷区神宮前2-2-22
TEL 03-3405-4511　FAX 03-3405-4522
振替 00190-9-72758
https://www.sanshusha.co.jp
編集担当　三井るり子

印刷・製本　日経印刷株式会社

©2021 Printed in Japan ISBN978-4-384-05952-6 C1082

装丁・本文DTP・図版作成　秋田康弘
本文イラスト　パント大吉
音声録音・CD製作　高速録音株式会社
音声吹込　Josh Keller / Rachel Walzer

CDと同内容の音声をダウンロードできます。
音声ダウンロードについては、三修社ホームページをご参照ください。

https://www.sanshusha.co.jp/audiobook/

「audiobook.jp」への会員登録（無料）が必要です。
登録後、シリアルコードの入力欄に「05952」の数字を入力してください。